Exegese do Antigo Testamento

SÉRIE CONHECIMENTOS EM TEOLOGIA

Sandro Pereira

2ª edição

Exegese do Antigo Testamento

Rua Clara Vendramin, 58 . Mossunguê
CEP 81200-170 . Curitiba . PR . Brasil
Fone: (41) 2106-4170
www.intersaberes.com
editora@intersaberes.com

Conselho editorial
Dr. Alexandre Coutinho Pagliarini
Drª. Elena Godoy
Dr. Neri dos Santos
Mª Maria Lúcia Prado Sabatella

Editora-chefe
Lindsay Azambuja

Gerente editorial
Ariadne Nunes Wenger

Assistente editorial
Daniela Viroli Pereira Pinto

Edição de texto
Monique Francis Fagundes Gonçalves

Capa
Charles L. da Silva (*design*)
LeQuangNhut, yuniazizah e oatawa/Shutterstock (imagens)

Projeto gráfico
Charles L. da Silva

Diagramação
Andreia Rasmussen

***Designer* responsável**
Sílvio Gabriel Spannenberg

Iconografia
Regina Claudia Cruz Prestes
Sandra Lopis da Silveira

Dados Internacionais de Catalogação na Publicação (CIP)
(Câmara Brasileira do Livro, SP, Brasil)

Pereira, Sandro
  Exegese do Antigo Testamento / Sandro Pereira. -- 2. ed. -- Curitiba, PR : InterSaberes, 2024. -- (Série conhecimentos em teologia)

  Bibliografia.
  ISBN 978-85-227-1298-4

  1. Bíblia - Hermanêutica 2. Bíblia. A.T. - Hermenêutica I. Título. II. Série.

24-188996   CDD-220.601

Índices para catálogo sistemático:
1. Bíblia : Antigo Testamento : Hermenêutica   220.601

Cibele Maria Dias - Bibliotecária - CRB-8/9427

1ª edição, 2018.
2ª edição, 2024.
Foi feito o depósito legal.

Informamos que é de inteira responsabilidade do autor a emissão de conceitos.

Nenhuma parte desta publicação poderá ser reproduzida por qualquer meio ou forma sem a prévia autorização da Editora InterSaberes.

A violação dos direitos autorais é crime estabelecido na Lei n. 9.610/1998 e punido pelo art. 184 do Código Penal.

sumário

7 *apresentação*

capítulo um
9 **Introdução à exegese do Antigo Testamento**
10 1.1 Texto
15 1.2 Exegese
16 1.3 Formas de leitura bíblica
18 1.4 Exegese do Antigo Testamento
19 1.5 Texto original

capítulo dois
23 **Primeiros passos**
25 2.1 Aproximação do texto
26 2.2 Confirmação dos limites da passagem

capítulo três
39 **Tradução e comparação de versões**
40 3.1 Tradução

| 50 | 3.2 Comparação |
| 61 | 3.3 Revisão |

capítulo quatro
63	**Análise textual**
64	4.1 Análise linguística
71	4.2 Gêneros literários

capítulo cinco
87	**Crítica das tradições**
89	5.1 Conceitos
91	5.2 Identificando tradições
94	5.3 Uso da passagem em outras partes da Bíblia

capítulo seis
97	**Atualização da mensagem**
98	6.1 Conteúdo
104	6.2 Análise teológica
108	6.3 Atualização
110	6.4 Trabalho escrito

111	*considerações finais*
113	*referências*
117	*respostas*
123	*sobre o autor*

apresentação

Para muitos cristãos, a Bíblia é antes um problema do que uma mensagem clara, em razão de sua origem distante, no tempo e no espaço, nas ideias e nos costumes.

Todavia, os diversos métodos exegéticos formulados pela crítica bíblica abriram novas perspectivas para essa abordagem, na medida em que proporcionaram melhor contextualização e apreensão do sentido correto e original, intencionado pelos "autores" bíblicos em cada uma das passagens por eles escritas.

A exegese confere ampla exploração dos textos. Você entenderá o processo histórico de formação dos textos sagrados; aprenderá como aplicar a crítica das formas e a crítica das tradições; descobrirá como analisar o conteúdo dos textos, encontrando o panorama histórico e social.

Nossa proposta oferecerá um pouco mais do que a exegese propriamente dita. Incluímos a análise teológica e a atualização dos textos – o que, em geral, fica a cargo da hermenêutica. O objetivo é enfatizar que não estudamos a Bíblia apenas para compreender seus significados, mas também para aplicar a Palavra de Deus em nossas vidas e nossos ministérios. Estudamos a Bíblia para, como disse o apóstolo Paulo aos presbíteros de Éfeso, levar "todo o desígnio de Deus" às pessoas com as quais convivemos (Atos, 20: 27)[1].

Que toda a sabedoria, descendo do pai das luzes, seja concedida a cada um de nós, para uma compreensão cada vez mais profunda e íntima da Palavra de Deus.

Está lançado o desafio. Agora é com você!

---

1   As passagens bíblicas utilizadas nesta obra são citações da *Bíblia de Jerusalém* (Bíblia, 2002), exceto quando for indicada outra referência.

capítulo um

Introdução à exegese do Antigo Testamento

Antes de dar início à prática da exegese propriamente dita, é necessário esclarecermos alguns conceitos essenciais a respeito do texto e de sua produção. À medida que avançarmos em nossa abordagem, você perceberá a necessidade dessa compreensão.

1.1 Texto

A palavra *texto* tem sua raiz no vocábulo latino *textos*, cujo significado básico é "tecido", "trama". O conceito de *texto* pode ser avaliado sob vários pontos de vista e, dessa forma, alcançar diversas definições. De maneira a não tornarmos esse estudo uma tarefa árida, arrolaremos algumas características de um texto literário.

Qualquer texto pode ser decomposto em elementos menores, as frases. Estas também se decompõem em elementos menores ainda, as palavras. Se tomarmos o caminho inverso, e as palavras se articulam e interagem em frases, que, consequentemente, articulam-se e interagem para formar o texto.

É assim que, seguindo a orientação de Silva (2009), podemos compreender que os fatores que concorrem para a articulação e a interação desses elementos pertencem a distintos aspectos linguísticos, quais sejam:

- Fonético – Configuração sonora do texto, assonâncias.
- Morfológico – Signos linguísticos menores e suas propriedades, categorias gramaticais (versos, substantivos etc.).
- Sintático – Articulação das palavras no todo como estrutura.
- Estilístico – Elegância do texto (mais ou menos poético, mais ou menos redundante, por exemplo).

Conforme esses fatores estão mais bem organizados, o texto apresenta maior grau de coerência.

Outro conceito importante é que o texto ainda tem certa delimitação. Utilizando palavras simples, podemos dizer que um texto precisa ter começo, meio e fim. A exegese bíblica adota um termo técnico para designar uma unidade literária que preenche esses requisitos: **perícope**. Diversas perícopes formam um texto mais complexo, e assim por diante, até compor uma carta ou um livro (Silva, 2009).

É preciso compreender que nenhum texto é uma entidade isolada; na verdade, qualquer texto está sempre inserido em um contexto mais amplo do processo da comunicação linguística. Observe que sempre há um autor que percebe a realidade e, para traduzir e transmitir tal percepção, está condicionado à língua que fala, à cultura em que vive, aos meios materiais (pinturas rupestres, escrita, rádio, jornal etc.) e a diversos símbolos da comunicação.

Por fim, todo texto é construído sobre um sistema de sinais determinados. Autor e leitor devem contar com um sistema de signos comum para que o processo de comunicação seja estabelecido de forma compreensiva. Em se tratando da Bíblia, nosso livro-texto, é necessário levar em conta também a distância entre autor e leitor (Silva, 2009).

Diante disso, chegamos à conclusão da necessidade da exegese. Ela se torna essencial porque nós, como leitores, estamos entre 2000 e 3000 anos separados da realidade do texto. A cultura, os costumes, a história, a cosmovisão e, especialmente, as línguas do contexto original criam uma distância muito grande entre nós e o texto. Da mesma forma, aquilo que os leitores originais entendiam naturalmente exige de nós, por vezes, horas e horas de análise cuidadosa.

Portanto, a exegese existe para construir uma ponte entre nosso século e a realidade da audiência, isto é, dos leitores originais. Os diversos passos da exegese constituem, assim, uma tentativa de maior aproximação do significado que o texto bíblico teve para os leitores a quem originalmente se destinava.

Fazendo uso da linguagem de Zuck (1994), podemos dizer que há, pelo menos, seis tipos de abismos entre nós e o texto sagrado. Vamos conhecer cada um deles a seguir.

1.1.1 Abismo cronológico

Os textos bíblicos foram escritos por pessoas que viveram em outro tempo. Nós não estávamos lá. Não podemos, então, conversar com os hagiógrafos nem com os primeiros ouvintes e leitores para entender naturalmente o significado do que escreveram. Estamos separados pelo tempo.

1.1.2 Abismo geográfico

Especialmente nós, do Ocidente, estamos a quilômetros de distância da região e dos países onde aconteceram os fatos narrados na Bíblia. O texto faz parte de um espaço geográfico diferente e distante do nosso.

1.1.3 Abismo cultural

O texto-alvo de nossa exegese tem como pano de fundo toda uma cultura, que nada mais é do que os aspectos da vida social que se relacionam com a produção do saber, da arte, dos costumes etc. Assim, o jeito de olhar para a vida na cultura em que o texto estava originalmente inserido tende a ser bastante diferente da percepção moderna e ocidental.

1.1.4 Abismo linguístico

Toda e qualquer tradução ocasiona certo sofrimento, certo dano ao texto traduzido. Isso é inevitável. Precisamos lembrar que a estrutura gramatical, a forma de escrever (pontuação, acentos e separação entre palavras), as peculiaridades das línguas hebraica e grega, algumas expressões incomuns ou de sentido obscuro, a qualidade dos fragmentos de texto aos quais temos acesso e a possibilidade de erros na transmissão do texto constituem um abismo entre o exegeta moderno e o texto.

1.1.5 Abismo literário

O estilo e a forma da escrita dos textos do Antigo e do Novo Testamentos diferem de nosso estilo atual de escrever. Não é tão comum assim em nossa escrita o uso de imagens, de parábolas e de provérbios como era nos tempos bíblicos.

Diferença entre gênero literário e estilo literário

O gênero literário compreende o conjunto de textos que apresentam a mesma estrutura formal básica, acrescidos de conteúdos ou outras características similares. Fala-se de gênero, portanto, quando ditos ou narrativas apresentam um conjunto de formas idênticas somadas a outros elementos comuns.

Como exemplos de gênero no material discursivo podem ser citados: ditos proféticos, ditos sapienciais, ditos de seguimento, hipérboles e parábolas. No material narrativo, temos os gêneros dos relatos de milagres, das controvérsias, dos relatos da paixão, entre outros.

O estilo literário é a criatividade do autor (ou da comunidade em que o texto foi produzido, por meio do seu círculo literário), o jeito próprio de escrever conforme o gênero literário escolhido, previamente conhecido naquela cultura. O estilo de um texto engloba toda a sua forma de apresentação, como introduções ou finais típicos, além de descrições breves ou pormenorizadas dos eventos.

1.1.6 Abismo espiritual

Quando lidamos com a Bíblia, que consideramos um livro sagrado, admitimos que o texto tem origem em Deus e a maneira de Ele agir é diferente da nossa. Deus é infinito e fala de verdades difíceis de serem assimiladas. Assim, temos:

- **texto inspirado** – II Timóteo, 3: 16;
- **autores movidos** – II Pedro, 1: 21;
- **leitores guiados** – Jó, 16: 13; I Coríntios, 2: 14; I João, 2: 20; 27.

A fim de sintetizar o que expusemos anteriormente, podemos afirmar que a comunicação entre o autor bíblico e seu leitor baseia-se somente no texto, e não em dados extratextuais; assim, a compreensão do escrito, por parte do leitor, deve considerar que o autor e o leitor pertencem a mundos e culturas diferentes. Os sinais e signos, ou as categorias do autor, nem sempre são naturais ao leitor de hoje, que não foi previsto pelos autores da Bíblia.

Ler é, portanto, decifrar, decodificar. A competência de leitura depende diretamente da capacidade que o leitor tem de formar um quadro abrangente dos diversos fatores que concorreram para a formação do texto.

1.2 Exegese

Exegese "é uma palavra que vem da língua grega. Traduzido em nosso português, significa conduzir fora, puxar de dentro para fora. Portanto, exegese é o processo de descobrir e conduzir para fora a mensagem do texto. É deixar o texto falar por si próprio e buscar aquilo que ele quer dizer" (Mosconi, 2002, p. 108).

Podemos acrescentar aqui a sugestão de Stuart e Fee (2008, p. 23), que afirmam que "uma exegese é um estudo analítico completo de uma passagem bíblica, feito de tal forma que se chega a sua interpretação útil". Ainda que seja uma tarefa científica, a exegese é também uma tarefa teológica. Existem certas regras básicas e padrões sobre como fazê-la, embora os resultados possam variar em aparência, uma vez que as próprias passagens bíblicas apresentam variações.

Mosconi (2002, p. 109) ressalta que:

a exegese bíblica moderna com seus métodos de pesquisa é bastante recente. Começou de uns trezentos anos para cá. Contudo, é bom não esquecer que já no século IV tivemos Jerônimo, um grande exegeta que se dedicou muito à crítica textual da Bíblia. Em geral, porém, antigamente havia mais hermenêutica do que exegese.

É claro que, quando entramos em contato com o texto bíblico, não deixamos de fora nossas perguntas e buscas. Elas estão sempre conosco. Contudo, agora vamos segurá-las para depreender o máximo possível do texto.

1.3 Formas de leitura bíblica

Muitas pessoas são desestimuladas à leitura e à reflexão sobre a Palavra de Deus por acharem-na muito difícil, estranha e contraditória. Essa impressão negativa que a Bíblia desperta nas pessoas está fundamentada naquela série de motivos expostos anteriormente. Contudo, precisamos lembrar que existem diversas formas de leitura da Bíblia, como demonstra Wegner (1998):

- **Leitura popular** – O povo, embora não tenha formação acadêmica, conta com saber teológico e, independentemente dos exegetas, interpreta os textos bíblicos com base em sua experiência de fé de sua vida diária. Quanto mais o exegeta tiver comunhão com essas experiências e suas correspondentes interpretações de textos, mais apto estará a fazer do exercício de seu próprio entendimento um trabalho sensível aos clamores, às perguntas e às necessidades concretas das comunidades eclesiais.

- **Leitura fundamentalista** – Tende a absolutizar o sentido literal da Bíblia. Seu principal objetivo é defender a Bíblia como o único referencial confiável e íntegro para a formulação da doutrina e da ética cristãs. Nesse sentido, seu aspecto é positivo, na medida em que reside na seriedade com que encara a revelação de Deus por meio de sua Palavra, na responsabilidade e no compromisso que exige diante de sua mensagem e na insistência de que um livro de fé dificilmente poderá ser interpretado de maneira correta sem o Espírito que rege essa mesma fé.
- **Método estruturalista** – É entendido de modo parcialmente diferente por vários de seus adeptos, sendo empregado como método de análise sincrônica da Bíblia. Via de regra, é considerado de difícil assimilação. Como fator negativo, assume uma postura de que o texto, uma vez produzido, torna-se uma unidade autônoma e livre das intenções de seu autor. Assim, fica aberto a diversos tipos de interpretação.
- **Método histórico-crítico** – É o mais utilizado e serve para análises diacrônicas da Bíblia. Sua designação deriva da realidade de que é histórico porque lida com fontes históricas, que, no caso da Bíblia, datam de milênios anteriores à nossa era, além de interessar substancialmente pelas condições históricas que geraram essas fontes em seus diversos estágios. É crítico no sentido de que necessita emitir uma série de juízos sobre as fontes que são objeto de seu estudo.

1.4 Exegese do Antigo Testamento

Uma vez compreendido o que é a exegese e conhecidas as diversas formas de leitura da Bíblia, podemos, enfim, passar para a exegese do Antigo Testamento propriamente dita.

Inicialmente, é preciso esclarecer que:

> *Para fazermos exegese do Antigo Testamento de modo adequado precisamos nos tornar um tanto "generalista". O exegeta logo se envolve com as funções e os sentidos das palavras (linguística); com a análise da literatura e do discurso (filologia); com a teologia; com a história; com a transmissão dos escritos bíblicos (crítica textual); com a estilística, com a gramática e a análise de vocábulos; e com a, vagamente definida, mas inescapavelmente importante, área da sociologia. É claro que as habilidades naturais intuitivas são úteis, todavia, não substituem o trabalho árduo e cuidadoso de pesquisa em primeira mão. Mas é gratificante saber que os resultados obtidos são muito encorajadores. Por outro lado, os resultados devem possuir um valor prático e genuíno para o crente, ou, então, algo está errado com a exegese.* (Stuart; Fee, 2008, p. 23)

Mesmo que estudemos para o melhor exercício de nosso ministério, ou seja, para que a exegese traga benefícios a serem aplicados, devemos ter em mente que a maior motivação para a análise exegética é nossa própria vida espiritual.

Stuart e Fee (2008, p. 23) alertam que

> *O exegeta precisa pesquisar muitos livros e fontes. Há quatro tipos que são particularmente importantes pela orientação metodológica e bibliográfica que contêm em relação à exegese. O exegeta precisa ter acesso pelo menos aos seguintes tipos de livros: introdução ao*

Antigo Testamento, gramática do hebraico bíblico, dicionário hebraico/aramaico-português, dicionário bíblico, dicionário de teologia do Antigo Testamento, comentários bíblicos, concordância bíblica, uma história de Israel e, é claro, um exemplar da Bíblia Hebraica. A concordância, a história, o dicionário e a série de comentários são essenciais, mesmo que o estudante não saiba hebraico.

Além disso, reafirmamos: nossa relação com Deus deve ter um ganho significativo à medida que exercitamos o trabalho da exegese.

1.5 Texto original

Apesar da possibilidade de fazer exegese do Antigo Testamento sem o conhecimento do hebraico,

> a rigor não deveríamos fazer um trabalho sério em exegese ou em teologia bíblica se não partirmos do texto original. Claro que o termo "original" aqui deve ser colocado entre aspas, uma vez que o "verdadeiro texto original", o primeiro exemplar do Pentateuco, dos Livros Históricos, ou de qualquer outro livro do Antigo Testamento já não existe mais. O primeiro manuscrito de qualquer texto bíblico perdeu-se no tempo e no espaço. (Silva, 2009, p. 38)

Como podemos, então, ousar fazer afirmações do tipo "tal texto quer dizer isso" se não temos os primeiros manuscritos? Para isso, é necessário reconstruir o texto original, ou seja, aquele que saiu das mãos do autor bíblico. Felizmente, para tanto, há centenas ou, dependendo do livro bíblico, milhares de manuscritos disponíveis. Podemos ter acesso a eles graças a uma edição crítica da Bíblia hebraica.

1.5.1 Edições críticas da Bíblia hebraica

Os estudiosos da Bíblia desenvolveram diversos critérios para refazer o caminho que o texto percorreu até chegar às nossas mãos. O resultado desse trabalho de reconstrução é encontrado nas chamadas *edições críticas*. São edições do Antigo Testamento (em hebraico, grego, aramaico e latim) que trazem, no rodapé, o "aparato crítico", ou seja, o elenco das principais leituras e variantes e os tipos textuais. Nas margens laterais, encontramos outras observações e anotações a respeito do texto.

De acordo com Francisco (2003, p. 18),

> desde seu aparecimento em 1977, a Bíblia Hebraica Stuttgartensia (BHS), editada entre 1967-1977, vem sendo considerada a edição crítica padrão do Texto Massorético (TM) para o mundo erudito, e sua utilização para fins acadêmicos vem sendo firmada desde seu surgimento. Podemos dizer que a BHS tem sido uma sucessora à altura de sua antecessora, a Bíblia Hebraica de Rudolf Kittel e Paul E. Kahle (BHK), editada em 1929-1937, o texto crítico mais utilizado pelos eruditos durante o século XX antes do aparecimento da BHS. Por sua vez, a BHS de fato conseguiu marcar presença entre as mais importantes edições críticas do texto bíblico hebraico e sua utilização tem sido constante entre os estudiosos.

O aparato crítico da Bíblia Hebraica Stuttgartensia (BHS) utiliza inúmeras abreviaturas para indicar as observações de crítica textual baseadas no texto bíblico hebraico do Antigo Testamento. As abreviaturas encontradas nele são listadas na seção *Sigla et compendia apparatum*. Essa edição crítica, conforme mencionado, acabou impondo-se como padrão. Ela é o resultado de muitos anos dedicados à pesquisa e à atualização de edições anteriores. Além disso, tem o mérito de poder ser adquirida com muita facilidade e por um preço relativamente acessível.

Precisamos aprender a manusear a edição crítica da Bíblia hebraica. Aqui trataremos brevemente do Antigo Testamento em hebraico.

Um dos fatores para que a que a BHS tenha se tornado padrão para o estudo do Antigo Testamento é que

> Ela traz o chamado "Texto Massorético" (TM), a versão do Antigo Testamento hebraico que acabou se impondo como padrão. Os massoretas estabeleceram um sistema altamente elaborado e complexo de vocalização (supra e infralinear) e acrescentaram ao texto uma série de sinais disjuntivos, para indicar a pontuação – vírgulas, pontos, etc. – e a entonação – acentuação, pausas, cantilenação – que deve ser lido no texto. (Silva, 2009, p. 40)

Além da vocalização e dos sinais disjuntivos, afirma Silva (2009), a fim de evitar a corrupção e a perda de palavras no texto, os escribas massoretas desenvolveram um sistema para garantir a integridade da Escritura. É a chamada *massorah*. Para nosso propósito aqui, basta apresentar dois exemplos:

- **Massorah final** – Ao final de cada livro, encontraremos uma nota que nos informa quantos versos e quantos *sedarim*[1] aquele livro tem e onde está seu meio. Por exemplo: ao final de Deuteronômio, é dada a informação de que o livro conta com 955 versículos, seu meio está em יִפְּ־לֹעַ תָּישִׂעָן (w^e'asyta 'al-py – "agirás conforme") (Bíblia. Deuteronômio, 1997, 17: 10) e são 31 os *sedarim*. Além disso, ficamos também informados de que o conjunto da *Torah* tem 5.845 versículos, 167 *sedarim*, 78.856 palavras e 400.945 letras.

---

[1] Lições ou perícopes em que a tradição palestinense divide o Texto Massorético (TM). São, no total, 452 *sedarim*.

- **Massorah marginal** – Trata-se, como o próprio nome sugere, do conjunto de notas que os massoretas colocaram às margens do texto. Nessas notas, eles fazem comentários, preservam tradições não textuais, identificam palavras ou frases que ocorrem raramente no texto hebraico, indicam o meio dos diversos livros e das grandes seções, dão outras informações estatísticas e, além disso, apresentam uma espécie de concordância. Devemos destacar ainda o chamado *Qerê/Ketîb* (o que deve ser lido/o que está escrito). É um recurso dos massoretas para esclarecer dificuldades com a vocalização, quando esta é incompatível com as consoantes; isto é, quando o texto apresenta consoantes de uma palavra com vogais de outra.

Além das *massorah*, temos o aparato crítico. No texto hebraico, aparecem pequenos caracteres latinos (a, b, c...) que fazem remissão ao fundo da página. Encontramos aí as principais variantes do texto e a referência dos manuscritos ou das versões que leem tais variantes. Veja que hoje temos condições de verificar a leitura de milhares de manuscritos fazendo uso de apenas uma edição crítica do Antigo Testamento, o que torna o trabalho relativamente rápido, seguro e gratificante.

Questões

1. Quais são os abismos existentes entre nós e o texto sagrado? Quais são as diversas formas de leitura bíblica?
2. O que significa *exegese*? Como ela é feita?
3. Explique o que é uma edição crítica da Bíblia hebraica.

capítulo dois

Primeiros passos

Os passos exegéticos, a partir daqui, serão complementados por diversos comentários e questões, cujo propósito é auxiliá-lo na exploração das diversas possibilidades ao fazer uma exegese completa. Esses comentários e questões são apenas sugestões e, portanto, não devem ser seguidos mecanicamente. Algumas questões, inclusive, sobrepõem-se e podem mesmo parecer redundantes. Outras podem não ser relevantes para seus propósitos ou, talvez, o escopo das necessidades de sua exegese particular de certa passagem não demande determinado passo. Dessa forma, fica aqui o alerta para que você seja seletivo.

Ainda, mesmo sendo o trabalho exegético uma atividade científica, faz-se necessária a busca de orientação divina para a obtenção de um bom resultado.

2.1 Aproximação do texto

A primeira coisa a fazer é ler o texto escolhido, devagar, prestando atenção em cada detalhe e sem perder a visão de conjunto. É preciso visualizar as imagens, as comparações, os contrastes, aproximando-nos do texto, captando a vida que há nele. É o momento de perceber frases, palavras, verbos, pessoas que aparecem, assunto em destaque. Com certeza, será muito produtivo fazer outra leitura. Ao se deparar com algum termo desconhecido ou difícil, busque esclarecimentos no próprio rodapé da Bíblia ou em algum livro de comentários do texto. A aproximação do texto serve para que o exegeta se sinta à vontade com sua perícope (Mosconi, 2002).

O texto deve ser lido com o objetivo de eliminar as barreiras entre ele e nós, tais como preconceitos, medo, pressa, superficialidade, intelectualismo exacerbado, moralismo, autossuficiência ou comparação imediata com o presente[1], esquecendo as diferenças entre o mundo da Bíblia e o atual. Muitas vezes, somos preconceituosos, vamos ao texto prevenidos e com ideias formadas e das quais não estamos dispostos a abrir mão. Em vez de ler a Bíblia, lemos nosso próprio entendimento.

Essa primeira leitura pode ser continuada, com vistas ao conjunto. Depois, precisamos verificar os detalhes, o entorno, as particularidades, como fazemos quando chegamos a um lugar desconhecido. Por mais que você acredite que conhece a passagem, trate-a como se nunca a tivesse lido. Dê ao texto a oportunidade de falar com você. Olhe para o conjunto, para o panorama e, depois, vá aos

---

1   Muitas interpretações equivocadas surgem justamente quando queremos aplicar o texto diretamente para os dias atuais, sem que haja uma compreensão do verdadeiro significado para o autor do texto e para seus leitores originais.

detalhes. Sua leitura será enriquecida quando comparada a duas ou três traduções diferentes.

2.2 Confirmação dos limites da passagem

O primeiro movimento a ser feito na exegese é a delimitação do texto. Nesse momento, é preciso certificar-se de que a passagem escolhida para fazer a exegese é, de fato, uma unidade completa, autônoma, independente; essa unidade completa é a *perícope*. É preciso evitar a interrupção de um poema no meio de uma estrofe, ou uma narrativa no meio de um parágrafo (a menos que essa seja uma tarefa de seu trabalho ou que você explique claramente ao leitor a razão pela qual escolheu fazer a exegese de uma seção da passagem). Nosso principal aliado é o bom senso prático. Precisamos perguntar: A passagem tem começo e fim reconhecíveis? Há algum conteúdo aglutinador e significativo que pode ser observado?

> *Avalie sua decisão, comparando-a com o texto hebraico e com as traduções modernas. Em geral nossas edições da Bíblia já trazem os livros divididos em perícopes, cada uma delas ostentando um título. Não é bom confiar automaticamente nas divisões tradicionais de capítulos e versículos que nossas traduções trazem. Lembre-se de que elas não fazem parte do texto original e, algumas vezes, estão equivocadas. No trabalho editorial podem ocorrer dois fenômenos. No primeiro caso, pode-se quebrar uma unidade textual, ou seja, pode haver uma má delimitação das perícopes, e, por conseguinte, isolam-se versículos de seu contexto. O segundo fenômeno é oposto ao primeiro: perícopes que, claramente, deveriam ter sido separadas encontram-se agrupadas sob o mesmo título. Basta compararmos várias edições da Bíblia para notarmos que,*

por vezes, faltou um maior cuidado quanto à delimitação dos textos. (Stuart; Fee, 2008, p. 31)

Dessa forma, delimitar um texto significa estabelecer os limites para cima e para baixo, isto é, onde ele começa e onde ele termina. Silva (2009, p. 68-69, grifo do original) ilustra muito bem essa realidade:

> Ecl 4,1-5,8. As divisões e os títulos atribuídos ao livro do Eclesiastes são muito insólitos e genéricos. Quanto aos versículos do exemplo ora proposto, a Bíblia de Jerusalém *os considera como uma única perícope sob o título* a vida em sociedade, *embora a nota* **d**, *referente ao título, apresenta as várias "misérias da vida em sociedade: opressão pelo abuso do poder e desamparo do homem isolado (4,1-12); maquinações políticas (3,13-16); religiosidade motivada pelo espírito de massa e abuso na prática de fazer promessa (4,17-5,6); tirania do poder (5,7-8)". Apesar da imprecisão, por que apresentar essa divisão na nota e não no texto? A* João Ferreira de Almeida *é ainda mais problemática. A primeira discrepância refere-se à própria numeração dos versículos. Seu versículo 5,1 corresponde ao 4,17 das outras duas bíblias comparadas. Quanto à divisão em perícopes e respectivos títulos, temos: 4,1-16 (***"os males e as tribulações da vida"***); 5,1-20 (***"vários conselhos práticos"***). Por sua vez, a TEB apresenta um trabalho mais acurado quanto à divisão em perícopes, mas os títulos continuam questionáveis: 4,1-3 (***"a sorte dos oprimidos"***); 4,4-6 (***"o trabalho e seus riscos"***); 4,7-12 (***"a solidão e os seus inconvenientes"***); 4,13-16 (***"o poder político e seus riscos"***); 4,17-5,6 (***"o gesto ritual e seus riscos"***); 5,7-8 (***"a autoridade necessária e seus abusos"***).*

Sabemos que os autores bíblicos não dividiram explicitamente suas obras. No entanto, não nos abandonaram à nossa própria sorte. Antes, deixaram alguns indícios, a fim de evidenciar onde começa e onde termina cada perícope. Tais indícios, divisores de texto, não devem se limitar apenas à língua original, mas devem, igualmente, fazer parte da tradução.

> *Tome cuidado, você poderá achar confuso iniciar com a análise textual da passagem, se o seu conhecimento do hebraico não é muito bom. Nesse caso, faça primeiramente uma tradução provisória do texto hebraico. Não invista muito tempo neste ponto. Você pode utilizar uma tradução moderna confiável como guia, ou, se preferir, use uma Bíblia "interlinear". Depois de ter uma ideia básica do sentido das palavras no hebraico, poderá retomar a análise textual com proveito.* (Stuart; Fee, 2008, p. 32)

A seguir, apesentamos um trecho dos versículos iniciais do livro de Gênesis. Observe que, abaixo do texto hebraico, aparece uma tradução interlinear. Esse tipo de tradução apenas verte o texto ao pé da letra, tal como o encontramos na língua de origem.

הָאָֽרֶץ׃	וְאֵ֥ת	הַשָּׁמַ֖יִם	אֵ֥ת	אֱלֹהִ֑ים	בָּרָ֣א	בְּרֵאשִׁ֖ית 1
a-terra	e	os-céus		Deus	criou	No-princípio

עַל־פְּנֵ֣י	וְחֹ֖שֶׁךְ	וָבֹ֔הוּ	תֹ֙הוּ֙	הָיְתָ֥ה	וְהָאָ֗רֶץ 2
face de-sobre	e-treva	e-vazia	sem-forma	era	E-a-terra

הַמָּֽיִם׃	עַל־פְּנֵ֥י	מְרַחֶ֖פֶת	אֱלֹהִ֔ים	וְר֣וּחַ	תְה֑וֹם
as-águas	face de-sobre	pairando	Deus	e-Espírito-de	abismo

וַֽיְהִי־אֽוֹר׃	א֑וֹר	יְהִ֣י	אֱלֹהִ֖ים	וַיֹּ֥אמֶר 3
e houve luz	luz	haja	Deus	E-Ele disse

(Bíblia. Gênesis, 1997, 1: 1-3)

1 No princípio criou Deus os céus e a terra.

2 E a terra era sem forma e vazia; e [havia] trevas sobre a face do abismo; e o Espírito de Deus se movia sobre a face das águas.

3 E disse Deus: Haja luz; e houve luz.

(Gênesis, 1: 1-3)

2.2.1 Critérios para a delimitação do texto

Aqui, vamos nos valer das sugestões de Silva (2009, p. 70-75), que menciona diversos critérios para a delimitação do texto. Os critérios são divididos em três elementos: (1) que indicam um novo início, (2) que indicam o término e (3) que aparecem ao longo do texto. Analisaremos cada um deles na sequência, apresentando exemplos ilustrativos.

Elementos que indicam um novo início

Ao começar um novo relato ou um novo argumento, o autor precisa chamar a atenção do leitor para esse fato. Para isso, pode lançar mão de alguns recursos de abertura ou de focalização, como demonstraremos na sequência.

Tempo e espaço

Todo episódio narrado se desenvolve nessas coordenadas. Assim, tempo e espaço são indícios importantes. O tempo pode indicar o início, a continuação, a conclusão ou a repetição de um episódio. O espaço, por sua vez, localiza fisicamente a ação e dá a noção de movimento, como podemos observar nos exemplos a seguir.

> *No retorno do ano, na época em que os reis costumam fazer a guerra, Davi enviou Joab, e com ele a sua guarda e todo o Israel, e eles massacraram os amonitas e sitiaram Rabá. Mas Davi ficou em Jerusalém.*
> (II Samuel, 11: 1)

Observe que o texto se inicia com a informação de tempo, "No retorno do ano", e se encerra com a indicação do espaço, "ficou em Jerusalém". É um texto bastante típico nas narrativas bíblicas.

> *Eliseu voltou a Guilgal, quando a fome reinava na região. Estando os irmãos profetas sentados à sua frente, ele disse a seu servo: "Põe a panela grande no fogo e prepara uma sopa para os irmãos profetas".*
> (II Reis, 4: 38)

Esse exemplo não contém informação a respeito do tempo, mas fornece a informação de mudança de espaço "Eliseu voltou a Guilgal". É um bom indicativo para uma nova perícope.

Actantes ou personagens

Ainda em textos narrativos, a nova ação pode se iniciar com a chegada, a percepção ou a mera aparição de um novo personagem, ou com a atividade de alguém que até agora estava inativo.

> *Certo homem da casa de Levi foi tomar por esposa uma descendente de Levi.* (Êxodo, 2: 1)

Observe que esse texto mostra claramente a inclusão de uma nova personagem na narrativa.

> *Veio um homem de Baal-Salisa e trouxe para o homem de Deus pão das primícias, vinte pães de cevada e trigo novo em espiga. Eliseu ordenou: "Oferece a esta gente para que coma".* (II Reis, 4: 42)

Esse texto, da mesma forma, aponta para a movimentação de uma nova personagem na trama narrativa.

Título

Algumas vezes, o escritor bíblico deixa explícito o título que demarca uma importante perícope de seu texto, como nos exemplos a seguir.

> *Oráculo a respeito do deserto do mar.* Como os furacões que percorrem o Negueb, assim esta calamidade vem do deserto, de uma terra onde domina o terror. (Isaías, 21: 1, grifo nosso)

> *Oráculo a respeito de Duma.* De Seir chamam por mim: "Guarda, que resta da noite? Guarda, que resta da noite?". (Isaías, 21: 11, grifo nosso)

> *Oráculo na estepe.* No matagal, na estepe passais a noite, caravanas de dadanitas. (Isaías, 21: 13, grifo nosso)

Observe as frases destacadas. Elas anunciam claramente que o profeta vai proferir uma nova sentença.

Vocativo ou novos destinatários

É possível que uma passagem profética, também chamada de *oráculo profético*, seja demarcada por um vocativo que explicita a quem tais palavras são dirigidas. Esses destinatários podem ser os mesmos com quem o texto vinha tratando, ou pode ocorrer alguma mudança. Tal indício pode evidenciar uma nova fase da argumentação.

> Ouvi isto, sacerdotes, atende, casa de Israel, escuta, casa do rei, pois o direito é para todos vós. Fostes um laço para Masfa e uma rede estendida sobre o Tabor. (Oseias, 5: 1)

> Cingi-vos e lamentai-vos, sacerdotes, chorai ministros do altar! Vinde, passai a noite vestidos de saco, ministros do meu Deus! Porque foram afastadas da casa de vosso Deus a oblação e a libação. (Joel, 1: 13)

Os trechos apresentados são dois bons exemplos para ilustrar esse critério de delimitação do texto.

Introdução ao discurso

Esse critério, como o próprio nome indica, introduz a fala de um dos personagens. Algumas vezes, porém, pode funcionar como separação entre algo ocorrido ou contado pelo personagem e o comentário que esse mesmo personagem faz a respeito do assunto. Para ilustrar, apresentamos alguns trechos a seguir.

> *Jó tomou a palavra e disse:* (Jó, 6: 1)

> *Baldad de Suás tomou a palavra e disse:* (Jó, 8: 1)

Em ambos os excertos apresentados, é indicado um comentário a ser feito por um personagem.

Mudança de estilo

Um último elemento que indica um novo início diz respeito à mudança de estilo. O texto pode sofrer uma ruptura quando o autor mescla dois tipos diferentes de exposição. É o que acontece quando se passa do discurso para a narrativa, da prosa para a poesia, ou da poesia para a prosa. Observe com atenção os exemplos que seguem:

> *Naquele dia, Débora e Barac, filho de Abinoem, entoaram um cântico:* (Juízes, 5: 1)

Nesse trecho, percebemos uma mudança da prosa para a poesia – a entoação do cântico.

> *Assim pereçam todos os teus adversários, Iahweh[2]! Aqueles que te amam sejam como o sol quando se levanta na sua força! E a terra descansou quarenta anos.* (Juízes, 5: 31)

....
2 Neste livro, adotamos, na maioria das transcrições de versículos, a Bíblia de Jerusalém (Bíblia, 2002), na qual o Deus do Antigo Testamento é chamado de *Iahweh*. Porém, em nossas análises, utilizamos a grafia **Yahweh**.

Aqui, o texto volta a ser escrito em prosa, ocorrendo uma mudança da poesia para a prosa.

Elementos que indicam o término

Da mesma forma que os elementos que indicam um novo começo, também há os que servem para delimitar a conclusão.

Ao término do episódio ou do argumento, outros indícios informam que a conclusão está próxima. Na sequência, destacamos alguns bons exemplos.

Espaço

A exemplo do que ocorre na indicação de início, a narrativa pode ficar igualmente desfocada em virtude de um deslocamento do tipo partida ou de uma extensão.

> *O rei prosseguiu em direção a Guilgal, e Camaam foi com ele. Todo o povo de Judá acompanhava o rei, e também a metade do povo de Israel.*
> (II Samuel, 19: 41)

Tempo

Assim como as indicações de espaço, as informações temporais podem sinalizar que a ação narrada está chegando ao fim. Pode acontecer a expansão do tempo, que dispersa nossa atenção, ou o chamado *tempo terminal*, com o qual o autor dá a narrativa por concluída. Apresentamos, a seguir, alguns exemplos.

> *Toda a comunidade viu que Aarão havia expirado e toda a casa de Israel chorou Aarão durante trinta dias.* (Números, 20: 29)

> *e cada um, anualmente, trazia o seu presente: objetos de prata e objetos de ouro, roupas, armas e aromas, cavalos e mulas.* (I Reis, 10: 25)

> *Naquela mesma noite, ele se levantou, tomou suas duas mulheres, suas duas servas, seus onze filhos e passou o vau do Jaboc.* (Gênesis, 32: 23)

Ação ou função do tipo partida

Esse elemento consiste na ação ou função expressa por verbos como *sair, despachar, expulsar*: alguém (normalmente o personagem pivô dos acontecimentos narrados) sai de cena, separando-se dos demais, como no exemplo apresentado a seguir.

> *Todas as vezes que o espírito de Deus o acometia, Davi tomava a lira e tocava; então Saul se acalmava, sentia-se melhor e o mau espírito o deixava.* (I Samuel, 16: 23)

Ação ou função do tipo terminal

As ações ou funções terminais são aquelas do tipo morrer, sepultar, bem como as reações decorrentes do episódio narrado, tais como orar, admirar-se, ficar angustiado, converter-se, temer, glorificar a Deus, entre outras. Um exemplo basta para ilustrar esse elemento:

> *Quando Jacó acabou de dar suas instruções a seus filhos, recolheu os pés sobre o leito; ele expirou e foi reunido aos seus.* (Gênesis, 49: 33)

Elementos que aparecem ao longo do texto

Nesse último grupo, apresentamos elementos cuja função não se reduz a assinalar o início ou o fim, mas fazer com que o texto expresse certo ritmo ou dinâmica. Tais elementos podem aparecer simultaneamente no início e no fim da perícope, ou mesmo ao longo de seu desenvolvimento.

Ação

A ação, em geral constituída por princípio, meio e fim, é o núcleo de qualquer narrativa. Novas indicações de tempo, espaço e personagens, normalmente, são completadas com o início de uma nova ação.

> Tendo-se levantado, os homens partiram de lá e chegaram a Sodoma. Abraão caminhava com eles, para os encaminhar. (Gênesis, 18: 16)

> Chamaram a este lugar de Boquim, e ali ofereceram sacrifícios a Iahweh. (Juízes, 2: 5)

> Saul despachou emissários para vigiar a casa de Davi para que o matassem pela manhã. Mas Micol, mulher de Davi, lhe deu este conselho: "Se não escapas esta noite, amanhã serás um homem morto!". (I Samuel, 19: 11)

Os exemplos apresentados mostram claramente indicações de personagens, espaço e tempo. No último deles, temos ainda a indicação de uma nova ação "para o matar pela manhã" e "amanhã será morto".

Campo semântico

Quando nos referimos a campo semântico, aludimos a um grupo de palavras cujos significados estão, de alguma forma, relacionados em razão de uma referência comum (tema, ideia, ambiente). Ao longo de uma perícope, pode funcionar como pano de fundo para o relato ou argumento, mesmo que não seja utilizado explicitamente (Silva, 2009).

> Abraão tomou a lenha do holocausto e a colocou sobre seu filho Isaac, tendo ele mesmo tomado nas mãos o fogo e o cutelo, e foram-se os dois juntos. Isaac dirigiu-se a seu pai Abraão e disse: "Meu pai!" Ele respondeu: "Sim, meu filho!" — "Eis o fogo e a lenha," retomou ele, "mas onde está o cordeiro para o holocausto?" Abraão respondeu: "É Deus quem proverá o cordeiro para o holocausto, meu filho", e foram-se os dois

juntos. Quando chegaram ao lugar que Deus lhe indicara, Abraão construiu o altar, dispôs a lenha, depois amarrou seu filho e o colocou sobre o altar, em cima da lenha. Abraão estendeu a mão e apanhou o cutelo para imolar seu filho. (Gênesis, 22: 6-10)

O texto apresentado utiliza palavras do mesmo campo semântico de *sacrifício*: lenha, fogo, cutelo, cordeiro, altar (Silva, 2009).

Inclusão

Uma inclusão ocorre quando uma palavra, uma frase ou um conceito presente no início reaparece no fim e funciona como um enquadramento, que delimita e encerra tudo o que ficou incluído entre elas (Silva, 2009).

Iahweh, Senhor nosso, quão poderoso é teu nome em toda a terra! Ele divulga tua majestade sobre o céu. [...] Iahweh, Senhor nosso, quão poderoso é teu nome em toda a terra! (Salmos, 8: 2; 10)

Assim falou Iahweh: Pelos três crimes de Damasco, pelos quatro, não o revogarei! Porque esmagaram Galaad com debulhadoras de ferro, [...] eu quebrarei o ferrolho de Damasco, exterminarei o habitante de Biceat-Áven, e de Bet-Éden, aquele que segura o cetro, o povo de Aram será deportado para Quir, disse Iahweh. (Amós, 1: 3; 5)

Quiasmo

O quiasmo ocorre quando uma sequência de palavras, frases ou ideias reaparece em forma invertida (Silva, 2009). Um arranjo visual no texto bíblico oferece uma boa amostra do que foi dito:

Salmos, 84: 9:

Iahweh, Deus dos Exércitos,   (a)
        ouve minha súplica;   (b)
        dá ouvidos,   (b')

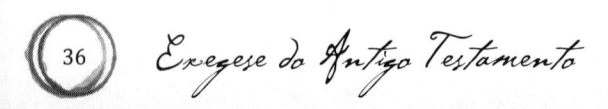

ó Deus de Jacó! (a')

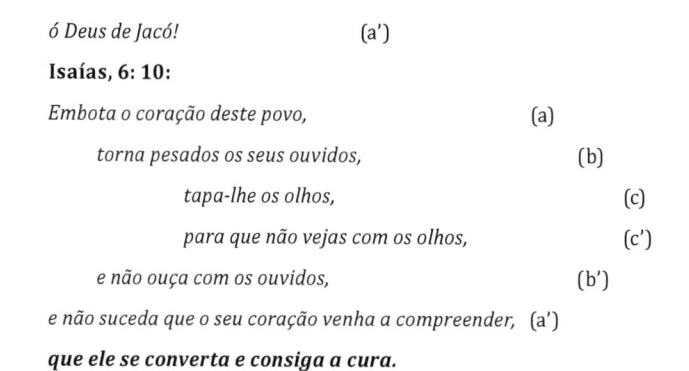

Isaías, 6: 10:

Embota o coração deste povo, (a)
    torna pesados os seus ouvidos, (b)
        tapa-lhe os olhos, (c)
        para que não vejas com os olhos, (c')
    e não ouça com os ouvidos, (b')
e não suceda que o seu coração venha a compreender, (a')
que ele se converta e consiga a cura.

A técnica do quiasmo pode servir para evidenciar a importância do(s) elemento(s) que está(ão) no centro. Todavia, o quiasmo também pode ser utilizado para assinalar a reversão da situação inicial. Nesse caso, o que de fato importa não é o que está no centro, mas a mudança ocorrida.

Poderíamos enumerar diversos outros critérios. Contudo, o que aqui ilustramos já oferece um rico instrumental para iniciarmos nossa exegese (Silva, 2009).

Um exemplo concreto

A seguir ilustramos com uma perícope de I Reis, 19: 19-21 da BHS feita por Silva (2007, p. 31).

> *Então partiu dali e encontrou Eliseu, filho de Safat. Ele estava lavrando, com doze juntas de bois à sua frente; e ele mesmo estava com a duodécima. Elias passou por ele e lançou o seu manto sobre ele. Então, ele deixou os bois, e correu atrás de Elias, e disse: "Que eu possa beijar meu pai e minha mãe e, então, te seguirei." E ele lhe disse: "Vai, volta! Pois, o que te fiz?" Voltou, pois, de atrás dele, e tomou a junta de bois, e os imolou, e, com os aparelhos dos bois, cozeu as carnes, e as deu ao povo para que comessem. Então, levantou-se e seguiu a Elias e começou a servi-lo.*

No versículo 19, o início da nova perícope é indicado pelo deslocamento de Elias para um **novo espaço**, e pela apresentação de Eliseu, o **novo personagem**, ao qual o versículo 16 já fazia referência.

No versículo 21, o seguimento de Eliseu é uma **ação do tipo terminal** que assinala a conclusão do episódio, fato que é confirmado logo na sequência, com a entrada de **novos personagens** em cena, que indicam uma **nova ação** em um **novo espaço**: Ben-Hadade e seu exército cercam a cidade de Samaria.

Questões

1. No que se refere aos critérios para a delimitação do texto, quais são os elementos que indicam um novo início?

2. Ainda sobre os critérios para a delimitação do texto, quais são os elementos que indicam o término? E quais são os elementos que aparecem ao longo do texto?

3. Para uma melhor apreensão do que abordamos, é preciso criar intimidade prática com os diversos elementos indicadores de início ou término de determinada perícope. Quando essa percepção se tornar espontânea em suas leituras bíblicas, é o indício de que você internalizou o processo de delimitação de perícopes. Assim, a partir dos diversos elementos que estudamos neste capítulo, procure identificar os limites das seguintes passagens:
   a) Gênesis, 39: 1-6a.
   b) II Samuel, 16: 5-14.
   c) II Reis, 4: 1-7.
   d) Isaías, 21: 1-10.
   e) Isaías, 45: 1-7.

capítulo três

Tradução e comparação de versões

03

Uma vez que se tem certeza dos limites do texto, é possível avançar para a tradução propriamente dita. É bom salientar que não iniciamos nossa abordagem pela tradução justamente porque ainda não havíamos comentado sobre a delimitação do texto a ser estudado. Assim, deixamos claro que, para evitar desperdício de tempo, antes de realizar a tradução, é importante definir os limites do texto.

3.1 Tradução

Agora é hora de começar de novo. Traduzir um texto bíblico não é algo fácil. Não queremos, com isso, desanimar ninguém; pelo contrário, nosso objetivo é esclarecer que as dificuldades a serem enfrentadas fazem parte do processo exegético.

Ao tratarmos de tradução bíblica, verificamos que há muitos textos em que foram usadas palavras cujo significado já se perdeu; em outros casos, as palavras são conhecidas, mas formam uma frase obscura ou truncada. Uma vez que o exercício exegético progride, tendo em vista os avanços científicos e as descobertas arqueológicas e de novos manuscritos, encontramos outras soluções para velhos problemas textuais. É assim que, em cada nova tradução da Bíblia, os tradutores procuram superar as dificuldades; ainda assim, muitos versículos permanecem de difícil compreensão (Silva, 2007).

Barnwell (2011, p. 7) afirma que, para o projeto inicial de tradução, o melhor caminho é escolher passagens bíblicas que sejam: "1 Especialmente relevantes, interessantes e úteis para o povo ao qual se destina a tradução; 2. De tamanho médio [...]; 3. Fáceis de ler [...]". É necessário, ainda, compreender que tradução nada mais é do que reproduzir, da maneira mais exata possível, o significado da mensagem original de uma forma natural ao idioma ao qual se está traduzindo.

Uma boa tradução deve comunicar o significado da mensagem original. Uma tradução literal, que reproduz cegamente as palavras exatas do texto original, pode dar um sentido errado. Ainda assim, para o exegeta, a primeira coisa a ser feita é uma tradução literal. Há basicamente dois tipos de tradução: as formais ou literais e as funcionais ou dinâmicas.

Silva (2007) informa que a tradução formal ou literal renuncia à compreensão imediata. Antes, respeita a forma linguística do original, mantém repetições e redundâncias, busca na língua de chegada (em nosso caso, o português) o melhor vocabulário para traduzir o original, mesmo que seja pouco utilizado. Por outro lado, a tradução funcional ou dinâmica visa à compreensão imediata do texto. Para tanto, deve eliminar tensões, repetições e redundâncias, alterar estruturas frasais, usar um vocabulário mais simples e, em certas ocasiões, inserir palavras faltantes no idioma de chegada. Lembre-se de que não existe uma correspondência estrutural entre as inúmeras línguas existentes.

> Todas as línguas ou idiomas são diferentes. Cada língua tem sua própria gramática, suas próprias palavras e expressões idiomáticas.
>
> Para expressar o significado da mensagem que se traduz, o tradutor tem que empregar palavras e estruturas gramaticais diferentes das que foram empregadas no idioma do qual se traduz. O importante é que o significado da mensagem não seja modificado. (Barnwell, 2001, p. 13)

Essa forma será a segunda etapa no processo de tradução.

No Brasil, temos traduções de todos os tipos. As versões de João Ferreira de Almeida (*Almeida Revista Atualizada* – ARA; *Almeida Revista e Corrigida* – ARC), a *Bíblia de Jerusalém* (BJ), a *Tradução Ecumênica da Bíblia* (TEB) e a *Bíblia da Conferência Nacional dos Bispos do Brasil* (CNBB), a partir da quinta edição, podem ser consideradas formais. Por outro lado, a *Nova Tradução na Linguagem de Hoje* (NTLH) e a *Bíblia – Edição Pastoral*, por exemplo, podem ser qualificadas como funcionais ou dinâmicas (Silva, 2007).

3.1.1 Necessidade de tradução

Os exemplos que serão apresentados a seguir têm o propósito de incentivá-lo a fazer sua própria tradução de uma passagem, em vez de simplesmente utilizar as traduções das principais versões de que dispomos. Todos os exemplos são de textos hebraicos relativamente simples, que, mesmo assim, nem sempre são traduzidos de forma clara e adequada.

É importante observar que as traduções foram feitas ou por comissões que trabalham contra o tempo ou por indivíduos que podiam não conhecer tão bem a Bíblia inteira no original, de modo a produzir traduções impecáveis em cada parte. Além disso, no mercado atual de publicação de bíblias, quanto mais diferente for a tradução, maior é o risco de ser rejeitada e, assim, não ser vendida. Dessa forma, existe certa pressão sobre os tradutores, as comissões, os editores para que as traduções sejam conservadoras no significado, embora, felizmente, costumem ser apresentadas em linguagem atualizada.

Ressaltamos também que muitos problemas encontrados nas traduções ocorrem em razão de questões de ambiguidade: há mais de uma maneira de interpretar o original. Todavia, as limitações de espaço impostas pelos editores impedem os tradutores de oferecer uma explicação cada vez que desejarem traduzir algo do original de um modo completamente novo. Por conseguinte, todas as modernas traduções são, apesar de bem intencionadas, exageradamente seguras e tradicionais. No trabalho de uma comissão de tradução, o gênio solitário normalmente é derrotado pela maioria cautelosa.

Diante do exposto, queremos demonstrar que, não raras vezes, é possível que você faça uma tradução melhor do que outros já fizeram, pois pode investir muito mais tempo trabalhando exegeticamente em uma passagem do que puderam os tradutores ou as comissões de tradução, em razão da velocidade em que foram levados a trabalhar. Além disso, você estará escolhendo uma tradução mais adequada para seu leitor em particular, em vez de para todos os falantes de português.

É preciso ressaltar, mais uma vez, que uma palavra não tem um significado individual, mas um **conjunto de significados**. Portanto, escolher um dos significados desse conjunto é, geralmente, subjetivo; deve ser algo feito em benefício de seu público. Por último, observe que, felizmente, em um trabalho exegético, você pode explicar para seus leitores, de modo breve, nas anotações relativas à sua tradução, as opções e as razões de escolher determinada palavra em português. Aqueles que trabalharam nas várias versões, antigas ou modernas, não tiveram a mesma oportunidade (Silva, 2009).

Entendendo o comportamento de um profeta – Jonas, 1: 2

Observe, em primeiro lugar, o texto hebraico:

יִנָפָּל סּ תָעָר הַתְלָעָ־יִכ הָילָעָ אָרְקוּ׃ (Bíblia. Jonas, 1997, 1: 2). A tradução comum para a parte final desse versículo é mais ou menos a seguinte: "clame contra ela, pois a sua maldade subiu até diante de mim". Essa tradução, contudo, geralmente apresenta algum problema. Ela representa apenas uma maneira de traduzir algumas palavras hebraicas com extensos conjuntos de sentidos e também não se encaixa facilmente na lição da história como um todo. Observe que essa é uma ordem que Jonas tenta desobedecer mediante sua recusa de ir a Nínive. Todavia, da maneira como é tipicamente traduzida, soa como uma ordem que Jonas teria gostado de obedecer. Levanta-se a seguinte pergunta: Por que Jonas não estaria feliz em pregar **contra** uma cidade que o próprio Deus tinha declarado ser **má**?

> *Precisamos traduzir de novo, desde o início. Precisamos considerar o sentido das palavras hebraicas novamente, procurando sua definição em um bom léxico. Eis o que encontramos: עַל pode ter o sentido de "contra", mas também de "a respeito de". כִּי pode ter o sentido de "porque", como também de "que", רָעָה pode significar "mal", mas em geral significa "aflição". E, finalmente, עָלְתָה ... לְפָנַי é mais bem traduzido idiomaticamente, não como "chegou ... diante de mim", mas como "chegou à minha atenção". Podemos, portanto, concluir que a frase toda pode muito bem ter o sentido de "proclame a respeito dela, que a aflição deles chegou à minha atenção". Perceba que as implicações exegéticas dessa leitura*

são significativas. Em contraste com a tradução usual, nossa tradução esclarece por que o "nacionalista" Jonas fugiu de sua responsabilidade: Deus o estava enviando numa missão de compaixão, não de denúncia. A leitura cuidadosa do restante do livro confirma isso várias vezes. (confira especialmente Jonas 4). (Stuart; Fee, 2008, p. 65)

Tradução não interpretativa – Provérbios, 22: 6

Na sequência, temos o texto hebraico:

הֲנֹךְ לַנַּעַר עַל־פִּי דַרְכּוֹ גַּם כִּי־יַזְקִין לֹא־יָסוּר מִמֶּנָּה׃ (Bíblia. Provérbios, 1997, 22: 6). Geralmente, esse versículo é traduzido da seguinte forma: "Ensina a criança no caminho que deve seguir, e quando for velha não se desviará dele". Contudo, quando analisamos mais cuidadosamente o conjunto de sentidos das palavras, notamos que não existe nenhum equivalente hebraico para o português *deve*. Isso nos motiva um pouco mais, tendo em vista que a tradução comum parece prometer muita coisa. Na realidade, esse versículo, muito popular, frequentemente é mencionado como apoio à ideia de que os pais podem praticamente garantir que seus filhos crescerão como adultos piedosos se criados de forma adequada. A maioria dos provérbios, ressaltamos, compõe-se de generalizações; é bom lembrar que as generalizações têm exceções. No entanto, nós podemos fazer uma tradução desse provérbio, não nos importando o quanto ele seja conhecido[1].

Stuart e Fee (2008) acrescentam que o processo de fazer uma nova tradução de um versículo não é muito complicado. Requer, principalmente, a disposição de considerar, lenta e cuidadosamente,

---

1 Lembre-se de que já dissemos: quanto mais conhecida for a leitura de um versículo da Bíblia, mais hesitarão as traduções modernas em diferir, mesmo quando não gostam dela, por medo de que as pessoas não comprem uma Bíblia que mudou a redação de um de seus "versículos favoritos".

as combinações possíveis de significado. Quanto ao versículo no qual estamos interessados, o que podemos determinar facilmente ao consultar um léxico é que יִפְּ־לַע significa "de acordo com"; e que דֶּרֶךְ significa "caminho". Sendo assim, דַּרְכּוֹ significa "o seu caminho" ou "o seu próprio caminho". A primeira metade desse dístico poético diz, então, o seguinte: "Ensine a criança de acordo com o seu (próprio) caminho". Não encontraremos nenhuma referência a *deve* aqui. A lição do versículo, concluímos, corretamente, é que a criança, abandonada à sua própria vontade egoísta quando jovem, terá as mesmas tendências egoístas quando adulta (Stuart; Fee, 2008).

3.1.2 Análise gramatical de cada palavra do texto hebraico

Para uma exegese mais segura, o texto a ser trabalhado deverá ser analisado, primeiramente, palavra por palavra, de forma individual e seguindo a sequência natural para, somente depois, ser considerado em conjunto com as demais. Isso proporciona uma tradução mais precisa.

Kunz (2008) fornece uma boa sugestão de quadro para a análise gramatical das palavras hebraicas.

Quadro 3.1 – Sugestão para tradução

V	Forma no texto	Forma léxica Raiz	Forma léxica Afix	Categoria	Grau	Tp	Pe	Gn	N	Caso	Uso/Significado	Tradução
1	בִּשְׁנַת	שָׁנָה	ה	Subst.	–	–	–	F	S	Const.	Ano	No ano
	מוֹת	מָוֶת		Subst.	–	–	–	M	S	Const.	Morte, falecimento	Da morte
	הַמֶּלֶךְ	מֶלֶךְ	ה	Subst.	–	–	–	M	S	Abs.	Rei	Do rei
	עֻזִּיָּהוּ			Nome Próprio	–	–	–	–	–	–		Uzias
	וָאֶרְאֶה	רָאָה	וָ	Verbo	Qal	Comp	1	C	S		Ver	Eu vi
	אֶת־			Sinal de acusativo	–	–	–	–	–	–	–	–
	אֲדֹנָי			Nome ou título divino	–	–	–	–	–	–	–	o Senhor
	יֹשֵׁב	יָשַׁב		Verbo	Qal-	Part.-	–	M	S	Abs.	Sentar-se	Sentado
	עַל־			Prep.	–	–	–	–	–	–	Em, em cima, de, sobre	Sobre

(continua)

Tradução e comparação de versões

(Quadro 3.1 – conclusão)

V	Forma no texto	Forma léxica Raiz	Forma léxica Afix	Categoria	Grau	Tp	Pe	Gn	N	Caso	Uso/Significado	Tradução
	כִּסֵּא			Subst.	–	–	–	M	S		Trono, cadeira, assento de honra	Trono
	רָם	רָ		Adjet.	–	–	–	M	S	–	Alto	Alto
	וְנִשָּׂא	נשׂא	וְ	Verbo	Nifal	Part.	–	M	S	Abs.	Exaltado	E exaltado
	וְשׁוּלָיו	שׁוּל	וְ	Subst.	–	–	–	M	P	Const.	Aba de vestimenta, cauda, bainha	E a aba de suas vestes
	מְלֵאִים	מלא		Verbo	Qal	Part.-	–	M	P	Abs.	Estar cheio, completar-se, cumprir-se	Enchiam
	אֶת־			Sinal de acusativo	–	–	–	–	–	–	–	–
	הַהֵיכָל	הֵיכָל	הַ	Subst.	–	–	–	M	S	Abs.	Templo, palácio	O templo

Fonte: Elaborado com base em Kunz, 2008.

No Quadro 3.1, os exemplos são de palavras tomadas de Isaías, 6: 1 (Bíblia, 1997). Nessa fase da exegese, será necessária uma pesquisa lexical de todas as palavras. Veja o que Stuart e Fee (2008, p. 34) ensinam a esse respeito:

> Para esta fase, pesquise no léxico todas as palavras, principalmente aquelas cujo conjunto de significados você não conhece bem. Leia sobre as palavras relevantes em obras que tratam do termo de forma mais detida. Lembre-se de que as palavras não possuem um significado único, mas um conjunto de significados, e que há diferenças entre uma palavra e um conceito. Uma palavra hebraica, muitas vezes, não corresponde de forma precisa a uma palavra em português, mas pode variar em significado quando se leva em consideração o campo semântico, total ou parcial, de palavras e afins em português. Tradução, portanto, implica seleção.

Uma vez tendo traduzido palavra por palavra, de forma literal, você terá elaborado uma tradução interlinear. Em seguida, poderá avançar e realizar uma tradução literal do texto que está estudando.

3.1.3 Tradução literal

Nesse ponto da exegese, a tradução é feita em fases distintas:

> A primeira delas é a análise e a tradução de cada palavra, já realizada acima; agora precisamos fazer uma tradução literal da perícope escolhida; depois, faremos uma tradução literal melhorada, onde as frases são colocadas em bom português, todavia, adaptando a estrutura hebraica para a língua portuguesa; a terceira fase é aquilo que pode ser chamado de uma tradução idiomática. Para essa tradução é preciso um esforço adicional para que o texto fique com uma linguagem simples. É preciso, entretanto, manter a fidelidade à mensagem contida nas estruturas do texto original. (Gusso, 2005, p. 212)

Em uma tradução literal, o texto de Isaías em estudo aqui apresenta a seguinte forma: "No ano da morte do rei Ozias, vi o Senhor sentado sobre um trono alto e elevado. A cauda de sua veste enchia o santuário".

Outro exemplo bastante elucidativo de tradução literal pode ser dado a partir do Salmos, 117: 1-2 (Bíblia, 1997):

הַלְלוּ אֶת־יְהוָה כָּל־גּוֹיִם שַׁבְּחוּהוּ כָּל־הָאֻמִּים׃

כִּי גָבַר עָלֵינוּ חַסְדּוֹ וֶאֱמֶת־יְהוָה לְעוֹלָם הַלְלוּ־יָהּ׃

Esse trecho pode ser traduzido desta forma: "Louvai o Senhor, nações todas; exaltai-o, povos todos. Porque é forte por nós seu amor, e a fidelidade do Senhor é para sempre. Aleluia!".

3.2 Comparação

Se quiséssemos analisar as muitas versões do Antigo Testamento, teríamos de verter cada uma delas de volta para o hebraico, pelo menos até o ponto de sermos capazes de dizer se refletem ou não o Texto Massorético (TM). Como esse processo é complicado, é útil elaborar uma tabela com todas as versões listadas, linha por linha, facilitando a comparação das leituras.

As versões utilizadas aqui estão no português corrente. Destacamos somente as divergências entre elas e apresentamos em boxe, na sequência, a nossa tradução (com grifo nosso, quando houver), a fim de criar uma versão final em que a leitura flua de acordo com o texto hebraico e com a linguagem mais atual possível. Para o versículo 2, adotaremos as versões Vulgata (Bíblia, 2006b) e Septuaginta (Bíblia, 2006a) para uma abordagem mais detalhada, além de uma versão em inglês (Bíblia, 2000a) e outra em espanhol (Bíblia, 2009).

A comparação, no caso de Isaías, 6: 1-13, ficará parecida com os exemplos a seguir.

Isaías, 6: 1

> No ano em que o rei Uzias morreu, eu vi o Senhor sentado num trono alto e elevado. O **seu manto** se estendia pelo Templo inteiro. (Bíblia, 2000b, grifo nosso)

> No ano da morte do rei Uzias, eu vi o Senhor assentado sobre um alto e sublime trono, e as **abas de suas vestes** enchiam o templo. (Bíblia, 1993, grifo nosso)

> No ano em que morreu o rei Uzias, vi Jeová sentado sobre um alto e elevado trono, e as **orlas do seu vestido** enchiam o templo. (Bíblia, 2010, grifo nosso)

> No ano em que faleceu o rei Uzias, eu vi o Senhor sentado sobre um trono alto e elevado. O **seu vestido** enchia todo o templo.

No versículo 1, a diferença consiste em considerar se o que enchia o templo eram as abas ou orlas das vestes de Yahweh ou se era seu vestido. Essa diferença não acarreta modificação de grande monta na compreensão da mensagem.

Isaías, 6: 2

*e **em volta dele** estavam serafins. Cada um deles tinha seis asas: com duas eles cobriam o rosto, com duas cobriam o corpo e com as outras duas voavam.* (Bíblia, 2000b, grifo nosso)

*Serafins estavam **por cima dele**; cada um tinha seis asas: com duas cobria o rosto, com duas cobria os seus pés e com duas voava.* (Bíblia, 1993, grifo nosso)

*Serafins estavam **por cima dele**; cada um tinha seis asas; com duas, cobria o rosto, com duas, cobria os pés e com duas, voava.* (Bíblia, 2010, grifo nosso)

***Encima de él** había serafines; cada uno tenía seis alas: con dos cubrían sus rostros, y con dos cubrían sus pies y con dos volaban.* (Bíblia, 2009, grifo nosso)

***Above it** stood the seraphims: each one had six wings; with twain he covered his face, and with twain he covered his feet, and with twain he did fly.* (Bíblia, 2000a, grifo nosso)

*Seraphim stabant **super illud: sex alæ uni, et sex alæ alteri**; duabus velabant faciem ejus, et duabus velabant pedes ejus, et duabus volabant.* (Bíblia, 2006b, grifo nosso)

*2 (LXX) και σεραφιν ειστηκεισαν κυκλω αυτου **εξ πτερυγέ τω ενι και εξ πτερυγέ** τω ενι και ταί μεν δυσιν κατεκαλυπτον το προσωπον και ταί δυσιν κατεκαλυπτον τού ποδά και ταί δυσιν επεταντο* (Bíblia, 2006a, grifo nosso)

> Serafins estavam **sobre ele**, e cada um **tinha seis asas; e eles alternavam as seis asas**: com duas cobriam o rosto, com duas cobriam os pés e com duas voavam.

••

Isaías, 6: 3

> Eles diziam em voz alta uns para os outros: "Santo, santo, santo é o **Senhor** Todo-Poderoso; a sua presença gloriosa enche o mundo inteiro!" (Bíblia, 2000b, grifo do original)

> E clamavam uns para os outros, dizendo: Santo, santo, santo é o **Senhor** dos Exércitos; toda a terra está cheia da sua glória. (Bíblia, 1993, grifo do original)

> Um **chamava** ao outro e dizia: Santo, santo, santo, é Jeová dos Exércitos; a terra toda está cheia da sua glória. (Bíblia, 2010, grifo nosso)

> E clamavam um para o outro dizendo: "Santo, Santo, Santo, Yahweh dos exércitos, toda a terra está cheia da glória dele".

A versão brasileira traduz por "chamava", dando a impressão de que um dos serafins chamava outro deles. Essa versão não condiz com a realidade do texto.

••

Isaías, 6: 4

> O barulho das vozes dos serafins fez tremer os alicerces do Templo, que foi ficando cheio de fumaça. (Bíblia, 2000b)

> As bases do limiar se moveram à voz do que clamava, e a casa se encheu de fumaça. (Bíblia, 1993)

> As bases das ombreiras moveram-se à voz do que clamava, e a casa encheu-se de fumo. (Bíblia, 2010)

> E o patamar das portas estremeceu-se com a voz do que proclamava, e o templo encheu-se de fumaça.

••

Tradução e comparação de versões

Isaías, 6: 5

Então eu disse:

*— Ai de mim! Estou perdido! Pois os meus lábios são impuros, e moro no meio de um povo que também tem lábios impuros. E com os meus próprios olhos vi o Rei, o **Senhor Todo-Poderoso!*** (Bíblia, 2000b, grifo nosso)

*Então, disse eu: ai de mim! Estou perdido! Porque sou homem de lábios impuros, habito no meio de um povo de impuros lábios, e os meus olhos viram o Rei, o **Senhor** dos Exércitos!* (Bíblia, 1993, grifo do original)

Então, disse eu: Ai de mim! Pois estou perdido, porque, sendo eu homem de lábios impuros e habitando no meio de um povo de lábios impuros, os meus olhos viram o Rei, Jeová dos Exércitos. (Bíblia, 2010)

> E eu disse: "Ai de mim, pois serei exterminado, porque sou um homem impuro de lábios e habito no meio de um povo impuro de lábios, e os meus olhos viram o Rei Yahweh dos exércitos".

A NTLH dá um atributo a Yahweh – "Todo-Poderoso" – que não é possível perceber no texto hebraico.

Isaías, 6: 6

Aí um dos serafins voou para mim, segurando com uma tenaz uma brasa que havia tirado do altar. (Bíblia, 2000b)

Então, um dos serafins voou para mim, trazendo na mão uma brasa viva, que tirara do altar com uma tenaz; (Bíblia, 1993)

Então, voou para mim um dos serafins, tendo na sua mão uma brasa viva, que ele havia tomado de sobre o altar com uma tenaz. (Bíblia, 2010)

> Um dos serafins pegou uma brasa de cima do altar com espevitadeiras e voou até mim.

Isaías, 6: 7

Ele tocou a minha boca com a brasa e disse:
– Agora que esta brasa tocou os seus lábios, as suas culpas estão tiradas, e os seus pecados estão perdoados. (Bíblia, 2000b)

com a brasa tocou a minha boca e disse: Eis que ela tocou os teus lábios; a tua iniquidade foi tirada, e perdoado, o teu pecado." (Bíblia, 1993)

Com a brasa tocou-me a boca e disse: Eis que esta brasa tocou os teus lábios; já se foi a tua iniquidade, e perdoado está o teu pecado. (Bíblia, 2010)

> E tocou a minha boca e disse: "Eis que esta tocou os teus lábios, e a tua iniquidade foi retirada e o teu pecado foi removido".

Isaías, 6: 8

> *Em seguida, ouvi o Senhor dizer:*
> *– Quem é que eu vou enviar? Quem será o nosso mensageiro?*
> *Então respondi:*
> *– Aqui estou eu. Envia-me a mim!* (Bíblia, 2000b)

> *Depois disto, ouvi a voz do Senhor, que dizia: A quem enviarei, e quem há de ir por nós? Disse eu: eis-me aqui, envia-me a mim.* (Bíblia, 1993)

> *Ouvi a voz de Jeová dizer: Quem enviarei eu, e quem irá por nós? Disse eu: Eis-me aqui; envia-me a mim.* (Bíblia, 2010)

> E eu ouvi a voz do Senhor dizendo: "A quem enviarei e quem irá por nós?" E eu disse: "Eis-me aqui! Envia-me".

Isaías, 6: 9

> ***O Senhor*** *Deus me disse:*
> *– Vá e diga ao povo o seguinte: "Vocês podem escutar o quanto quiserem, mas não vão entender nada; podem olhar bem, mas não enxergarão nada."* (Bíblia, 2000b, grifo do original)

> *Então, disse ele: Vai e dize a este povo: Ouvi, ouvi e não entendais; vede, vede, mas não percebais.* (Bíblia, 1993)

> *Ele disse: Vai e dize a este povo: Haveis de ouvir, porém não entendereis; haveis de ver, porém não percebereis* (Bíblia, 2010)

> E Ele disse: "Vá e diga a este povo: 'Vocês ouvem e não entendem, veem e não compreendem'".

••
Isaías, 6: 10

Isaías, **faça com que esse povo fique com a mente fechada**, com os ouvidos surdos e com os olhos cegos, a fim de que não possam ver, nem ouvir, nem entender. Pois, se pudessem, eles voltariam para mim e seriam curados. (Bíblia, 2000b, grifo nosso)

Torna insensível o coração deste povo, endurece-lhe os ouvidos e fecha-lhe os olhos, para que não venha ele a ver com os olhos, a ouvir com os ouvidos e a entender com o coração, e se converta, e seja salvo. (Bíblia, 1993)

Torna insensível o coração deste povo, endurece-lhe os ouvidos, e fecha-lhe os olhos, para não suceder que, vendo com os olhos e ouvindo com os ouvidos, entenda no coração, e se converta, e seja sarado. (Bíblia, 2010)

Faça insensível o coração deste povo e endureça os seus ouvidos e os seus olhos, para que as pessoas não vejam com os olhos e não ouçam com os ouvidos, a fim de evitar que seus corações entendam e elas venham a converter-se e a ser curadas.

Os escritores originais acreditavam que a sede do pensamento estava no coração do homem. A NTLH (Bíblia, 2000b) faz uma contextualização do texto, buscando atualizá-lo.
••

....

Isaías, 6: 11

– Até quando isso vai durar? – eu perguntei.

Ele respondeu:

– Até que as cidades sejam destruídas e fiquem sem moradores, as casas fiquem completamente vazias, e os campos sejam arrasados. (Bíblia, 2000b)

Então, disse eu: até quando, Senhor? Ele respondeu: Até que sejam desoladas as cidades e fiquem sem habitantes, as casas fiquem sem moradores, e a terra seja de todo assolada. (Bíblia, 1993)

Então, disse eu: Até quando, Senhor? Ele respondeu: Até que sejam desoladas as cidades e fiquem sem habitadores e as casas, sem homens, e a terra seja de todo desolada. (Bíblia, 2010)

> E eu disse: "Até quando, Senhor?" E Ele disse: "Até que as cidades sejam devastadas e fiquem sem habitantes, as casas, sem nenhum homem, e a terra esteja totalmente deserta".

....

Isaías, 6: 12

*Eu, o **Senhor**, mandarei o povo para longe deste país, e as cidades ficarão vazias.* (Bíblia, 2000b, grifo do original)

*e o **Senhor** afaste dela os homens, e no meio da terra seja grande o desamparo.* (Bíblia, 1993, grifo do original)

e Jeová tenha removido para longe os homens e sejam muitos os lugares abandonados no meio da terra. (Bíblia, 2010)

> E Yahweh afastará para longe os homens que sobraram na terra.

....

Isaías, 6: 13

> E, mesmo que fique no país uma pessoa em dez, ela também será morta. Os que restarem serão como o toco de um carvalho que foi cortado. O toco representa um novo começo para o povo de Deus. (Bíblia, 2000b)
>
> Mas, se ainda ficar a décima parte dela, tornará a ser destruída. Como terebinto e como carvalho, dos quais, depois de derribados, ainda fica o toco, assim a santa semente é o seu toco. (Bíblia, 1993)
>
> Se ainda ficar nela a décima parte, esta tornará a ser exterminada. Como terebinto e como carvalho, dos quais, depois de derrubados, ainda fica o tronco, assim a santa semente é o seu tronco. (Bíblia, 2010)
>
> Mas, ainda se a décima parte dela ficar, tornará a ser destruída. Assim como a árvore majestosa e como o carvalho, que, depois de derrubados, deixam o tronco, assim o descendente santo é o tronco dela.

3.3 Revisão

À medida que continuamos o trabalho, devemos constantemente revisar nossa tradução. Especialmente ao examinar com cuidado os aspectos gramaticais e léxicais, poderemos ampliar nosso conhecimento do texto a ponto de melhorar nossa tradução provisória. Isso porque as palavras que escolhemos para determinado ponto da passagem devem se encaixar muito bem no contexto maior. Quanto mais conhecermos o todo de cada passagem, maior sensibilidade teremos para escolher a palavra, frase ou expressão certa para cada parte. As partes devem sempre se encaixar no todo.

Questões

1. De acordo com Barnwell (2011), quais são as três características fundamentais de passagens bíblicas para tradução?

2. Por que é mais interessante que você mesmo faça a tradução do trecho sobre o qual deseja realizar a exegese?

3. A fim de continuarmos nosso aprofundamento nos textos propostos até agora, faça uma tradução literal dos excertos a seguir:
    a) Isaías, 21: 1-10.
    b) Isaías, 45: 1-7.

capítulo quatro

Análise textual

04

No capítulo anterior, abordamos a tradução literal e a comparação de versões. A partir de agora, daremos continuidade ao tema desta obra aprofundando as questões linguísticas e literárias do texto bíblico. O método que objetiva facilitar a interpretação de textos bíblicos é denominado, por alguns autores, de *crítica da forma*, por outros, de *crítica dos gêneros literários*. A seguir, apresentaremos seus desdobramentos.

4.1 Análise linguística

Com base na análise gramatical já realizada, precisamos analisar o vocabulário utilizado pelo escritor bíblico e as características gramaticais de determinado texto.

Para isso, não basta conhecer o significado genérico das palavras, nem conseguir analisar morfologicamente os verbos. É necessário saber utilizar estas informações e extrair delas algo relevante para a interpretação da unidade literária que estamos analisando. Lembre-se de que o sentido de um texto vai além da mera articulação de palavras. Na verdade, entra em jogo a sintaxe e a semântica. As regras de ambas podem ser respeitadas ou reinventadas, segundo a competência do autor. Nós queremos saber como as palavras se articulam para formar frases.
(Silva, 2009, p. 126)

Nessa etapa, devemos lançar mão de algumas ferramentas importantes: dicionários (teológicos, exegéticos e das línguas bíblicas), gramáticas, estatísticas e concordâncias (em hebraico).

A análise linguística aponta para mais de uma direção ao mesmo tempo, pois tem três facetas:

1. Análise lexicográfica (estudo do vocabulário);
2. Análise sintática (estudo da estrutura gramatical); e
3. Análise estilística (estudo das figuras de linguagem).

A ordem dessas abordagens não precisa, necessariamente, ser essa. Mesmo que estejamos utilizando um critério metodológico, na verdade, no texto tudo acontece de forma simultânea. E, mesmo ao realizar tais análises, determinada informação colhida em uma pode esclarecer ou questionar dados levantados em outra – uma informação gramatical, por exemplo, pode lançar luz sobre a significação de um termo ou tempo verbal. O que importa aqui é manter a coerência e a clareza e não deixar que as ideias simplesmente atravessem de uma para outra abordagem (Silva, 2009).

4.1.1 Análise lexicográfica

O vocabulário utilizado em uma perícope permite identificar a teologia do autor e até mesmo chegar a conclusões acerca da tradição e da redação do texto. Para isso – repetimos – não basta conhecer o significado de cada termo, é preciso saber algo mais a respeito dos vocábulos utilizados na composição da perícope que está em exame. Portanto, a análise lexicográfica se preocupa basicamente com:

- uso e significação, em **toda a Bíblia** e, se possível, também fora dela, de tais palavras;
- uso e significação das palavras raras e de *hápax legómena*[1];
- uso das palavras repetidas.

Um número pequeno de ocorrências do mesmo vocábulo evita que ele adquira variadas conotações, em uma espécie de dispersão semântica, muito comum em palavras usadas em excesso e em contextos diversos. Todavia, uma frequência escassa pode enfraquecer a importância teológica de determinado vocábulo e, em certos casos, oferecer poucos recursos para que possamos compreender seu significado (Silva, 2009).

Ressaltamos a necessidade de realizar uma metódica catalogação dos fonemas e de indicar sua distribuição e repetição. Como consequência disso, será possível notal a presença de fenômenos como a aliteração (identidade ou semelhança de sons determinada pelos grupos de consoantes), a assonância (identidade ou semelhança de vogais), a rima (semelhança ou identidade da última sílaba de dois ou mais versos), a paronomásia (semelhança de sons

---

1 Essa expressão é composta de dois termos gregos: *hapax*, que significa "uma só vez", e *legómenon*, cujo significado é "o que é dito, falado"; é, portanto, um termo técnico também utilizado nas ciências bíblicas para designar palavras que aparecem uma só vez na Escritura Sagrada ou em uma de suas partes.

com correspondente sinonímica ou antinômica dos lexemas), além do metro e do ritmo, que apresentam problemas particulares no hebraico causados pela insegurança acerca da extensão das sílabas e da percepção precisa dos acentos. Quando abordarmos as figuras de pensamento ou da retórica, detalharemos esse ponto.

4.1.2 Análise sintática

Uma vez examinado o vocabulário de uma perícope, cabe-nos analisar o modo como essas palavras estão articuladas. Nesse ponto, quanto mais profundo for o conhecimento da gramática do hebraico, mais facilmente identificaremos as questões relevantes. E não precisamos partir do zero. Boas gramáticas dão ênfase e abordam, de forma mais sistemática, pontos específicos e nuanças da língua em questão. Isso não significa que encontraremos o texto que nos interessa já analisado em minúcias. Será, antes de mais nada, um trabalho de garimpo e comparação. Portanto, é necessário munir-se do maior número possível de ferramentas de que você pode dispor (Silva, 2009). O ferramental básico constitui-se de:

- **Gramáticas gerais**: *não basta a cartilha com a qual demos os primeiros passos no hebraico. Precisamos consultar obras mais pesadas, que analisem as nuanças e as variações das línguas bíblicas;*
- **Dicionários**: *também conterão informações importantes sobre a sintaxe de verbos e de preposições;*
- **Comentários**: *de preferência que enfatizem o texto; eles analisarão a maneira como o autor utilizou a gramática e a sintaxe em sua obra;*

- *Análises filológicas;*
- **Revistas especializadas:** estas sempre trazem artigos e discussões sobre os mais variados pontos gramaticais e, eventualmente, uma abordagem específica dos versículos que nos interessam. (Silva, 2009, p. 147, grifo nosso)

Uma vez que tenhamos acesso a essas ferramentas, precisamos localizar as informações. Comentários e análises filológicas, geralmente, seguem a ordem do texto bíblico, e os dicionários seguem a ordem alfabética. As gramáticas, em geral, oferecem um índice ao final, no qual podemos encontrar a página ou o parágrafo em que a publicação discute versículos de nosso interesse. Em seguida, passamos para o índice de assuntos, pois, embora nem todos os versículos especificamente sejam abordados, poderemos encontrar outros pontos gramaticais que ocorrem em uma perícope (Silva, 2009).

Todavia, se o conhecimento da gramática não for profundo o suficiente para identificar os casos aplicáveis ao texto, as demais ferramentas poderão dar valiosas dicas: análise filológica, um bom comentário literário e até mesmo um bom dicionário. Essas e outras obras, se não tratarem dos pontos gramaticais, ao menos darão indicações que deverão ser aprofundadas com o auxílio das gramáticas (Silva, 2009, p. 148).

4.1.3 Análise estilística

Na análise sintática, buscamos entender como o autor articula as palavras; agora, na análise estilística, nossa preocupação desvia o foco para a maneira pela qual ele procura dar maior expressividade, maior colorido, maior vivacidade a seu texto. Estudar o estilo de um autor equivale a estudar as chamadas *figuras* (Silva, 2009).

Vejamos como essas e outras figuras ocorrem na Bíblia.

Figuras de pensamento ou de retórica

De acordo com Silva (2007), as figuras que apresentaremos na sequência são algumas entre muitas que podem ser encontradas nos textos bíblicos:

- **Antecipação ou prolepse** – Existem dois tipos de antecipação. O primeiro está ligado ao tempo da narrativa, ou seja, é quando um evento futuro é anacronicamente apresentado como algo já acontecido, como em Êxodo, 15: 13-17 ou em I Reis, 13: 3. O segundo ocorre quando um orador responde previamente à eventual objeção de um interlocutor, seja ele real, seja imaginário, como em Jeremias, 7: 4.
- **Antítese** – É a confrontação de duas ou mais ideias ou situações, como em Salmos, 1 ou em Jeremias, 17: 5-8.
- **Macarismo ou bem-aventurança** – *Macarismo* é um vocábulo grego que significa "felicitação", "bem-aventurança". Trata-se de uma bendição ou louvação a alguém, iniciada pelas fórmulas "bem-aventurado quem [...]", "feliz quem [...]" ou "felicidade para quem [...]", como podemos ver em Deuteronômio, 28: 3-6 ou em Salmos, 84: 4.
- **Lamentação ou queixume (ou mesmo maldição)** – É o contrário do macarismo e caracteriza-se pelo uso de expressões como "ai de quem" ou "pobre de quem", encontradas, por exemplo, em Isaías, 5: 8-24.
- **Antropomorfismo** – Trata-se da atribuição de formas e ações humanas a Deus, como em Gênesis, 3: 8 e em Êxodo, 15: 6; 8.
- **Antropopatismo** – É a atribuição de sentimentos humanos a Deus, como em Gênesis, 6: 6 e em Deuteronômio, 6: 15.

Análise textual

- **Prosopopeia** – Refere-se à personificação, ou seja, à atribuição de sentimentos e ações humanas a animais, como em Gênesis, 3: 1-4 e em Juízes, 9: 8-15, e a seres inanimados, como em Gênesis, 4: 10-11 e no Salmo, 114.
- **Gradação** – Caracteriza-se pela disposição de palavras, ideias ou fatos em ordem crescente ou decrescente, como pode ser encontrado em Gênesis, 22: 2 ou em Daniel, 3: 51-90.
- **Eufemismo** – É o "uso de uma expressão mais branda em lugar de outra mais pesada ou tabu" (Silva, 2007, p. 35), como em I Samuel, 24: 4 e 25: 22.
- **Hipérbole** – Trata-se de uma ênfase expressiva, provocada pelo exagero, como em II Reis, 21: 16.
- **Inclusão** – É a repetição "da mesma palavra ou expressão no início e no fim do texto" (Silva, 2007, p. 35), como em Salmos, 8: 2; 10.
- **Questão retórica** – É uma pergunta cujo objetivo não é obter uma resposta, mas fazer o interlocutor pensar e concordar com o orador, como pode ser observado em Jeremias, 5: 9; 29; 9: 8.
- **Onomatopeia** – Ocorre quando uma frase ou um nome imita o som da coisa descrita, como em Juízes, 12: 6 (talvez não seja perceptível em português, apenas no hebraico).
- **Paralelismo** – Caracteriza-se pela justaposição de frases ou palavras com equivalência sintática ou semântica. "Em geral são dois os membros do paralelismo, mas pode haver mais. Há três tipos de paralelismo: sinonímico (quando as frases expressam algo equivalente [...]), antitético (quando as frases expressam ideias antagônicas [...]) ou sintético (quando entre as ideias expressas há uma relação de causa-efeito ou quando a segunda frase dá maior precisão à primeira [...]" (Silva, 2007, p. 35). Exemplos de cada um desses tipos de paralelismo

podem ser encontrados em Juízes, 5: 28 (sinonímico), Provérbios, 10: 1 (antitético) e Salmos, 1: 6; 19: 8-9 (sintético).
- **Quiasmo**: "Estrutura fraseológica cruzada, do tipo 'a-b-b-a'" (Silva, 2007, p. 36), como em Isaías, 55: 8-9.

4.2 Gêneros literários

Desde o início do século XX, vários exegetas dedicam-se a comparar textos que, ainda que apresentem diferenças de conteúdo, têm formas semelhantes.

> A "forma" é a organização ou estrutura de um único texto lido sincronicamente. Quando, contudo, se faz uma leitura diacrônica, ou seja, quando se confrontam textos formalmente semelhantes, é possível abstrair um esquema básico partilhado por eles. Esse esquema comum é denominado "gênero literário". (Silva, 2009, p. 185)

Simian-Yofre (2000, p. 100) reafirma a importância de reconhecer um gênero literário até mesmo na vida cotidiana:

> Numa ordem muito concreta, há expressões que acham seu sentido no interior de um gênero literário. "Bom dia" pode-se entender, por quem não está familiarizado com a língua, como afirmação ("faz um belo dia hoje"), como desejo ("desejo-te um bom dia", talvez seu sentido original), ou como o que ocorre hoje, uma forma do gênero literário "saudação".

Hermann Gunkel foi o precursor desse trabalho ao realizar estudos nos livros de Gênesis e Salmos. Segundo Gunkel (citado por Bentzen, 1968), em culturas eminentemente orais (tal como o Antigo Israel), diferentes gêneros literários indicam diferentes contextos sociais. Por outro lado, Eissfeldt e Weiser (citados por Bentzen, 1968) estão certos ao confirmar que as formas literárias se desenvolveram antes que as obras atingissem sua forma escrita e fixa, ou seja, no período da traição oral. Bentzen (1968) ressalta ainda a importância da tradição oral no Oriente Antigo. Posteriormente, as tradições oral e escrita coexistiram por séculos, e é possível admitir, também, que a mesma tradição oral que foi posta por escrito em certa época pôde ser reescrita em um período posterior.

A partir daí, o estudioso estabeleceu os princípios básicos de um método que denominou *crítica dos gêneros (literários)* e cujo trabalho consiste em:

- *Determinar a estrutura formal de um texto;*
- *Comparar tal texto com outros estruturalmente semelhantes, a fim de identificar o Gênero Literário;*
- *Determinar em que situação concreta esse Gênero Literário era usado (Sitz im Leben – em alemão);*
- *Determinar a finalidade desse Gênero Literário e, especificamente, do texto estudado.* (Silva, 2009, p. 186)

Segundo informa Silva (2009), nesse tipo de leitura, o aspecto da forma tem proeminência sobre o aspecto do conteúdo, ou seja, os textos são agrupados e abordados de acordo com os elementos de sua estrutura formal (semântica), e não de acordo com seu conteúdo. A estrutura semântica fornecerá elementos para complementar o trabalho exegético realizado com base na estrutura formal, ou preencherá lacunas deixadas pelo estudo do gênero literário.

É bom ressaltar, porém, que o

Gênero Literário "puro" existe só na abstração. Toda vez que um modelo é empregado, ele sofre influências do contexto e apresenta alterações, seja em sua forma, seja na sua finalidade. Há também textos híbridos,

> *isto é, uma mesma perícope pode ser formada pela justaposição de dois gêneros literários distintos.* (Silva, 2007, p. 42)

> *Uma boa exposição do assunto, não trará somente o esquema do Gênero Literário em questão. Mais que isso, discutirá também o contexto existencial no qual, provavelmente, tal Gênero Literário era utilizado, bem como sua finalidade. Manuais de metodologia procurarão identificar dentro de cada tradição bíblica – histórica, profética, sapiencial, apocalíptica – quais os Gêneros Literários que lhe são típicos.* (Silva, 2009, p. 187)

Apesar de parecer bastante trabalhoso, é um alívio saber que nossos colegas exegetas já realizaram um precioso trabalho de ordenação e catalogação, do qual podemos – e devemos – usufruir.

4.2.1 Tradição histórica

Os relatos da tradição histórica querem dar a conhecer a ação de Deus na história de Israel. Não são narrativas historiográficas; são, na realidade, releituras teológicas: uma história é construída sobre um fato real, interpretando-o e o atualizando-o. O que importa é a história do ponto de vista divino, uma vez que os autores são inspirados por Deus.

Sagas

> *A sarça ardia sem se consumir. Moisés, ao ver aquele estranho fenômeno, aproximou-se para observar. Então Deus o chamou e se apresentou "Disse mais: 'Eu sou o Deus de teus pais, o Deus de Abraão, o Deus de Isaac e o Deus de Jacó.' Então Moisés cobriu o rosto, porque temia olhar para Deus".* (Êxodo, 3: 6)

Mesmo escravizadas e oprimidas, as tribos guardaram a memória dos antepassados. As muitas histórias conservadas pela tradição oral foram aos poucos sendo colecionadas e escritas. No Gênesis, há três ciclos de narrativas, organizadas ao redor dos patriarcas e das matriarcas.

Esses ciclos são chamados de *sagas* porque contam as origens das tribos que formaram o povo de Israel[2]. Em cada um dos ciclos encontrados no Gênesis, há pequenas histórias que, primeiro, eram independentes e, depois, foram costuradas para formar um grande painel. Cada pequena história ou narrativa forma uma perícope ou uma unidade independente. Mesmo integrando um ciclo maior, muitas delas têm gêneros literários diferentes.

Observe que, no ciclo de Abraão, há várias manifestações de Deus. Existem características bem distintas entre elas. Na primeira delas, Deus fala com Abraão e estabelece uma aliança com ele (Gênesis, 12: 1-3). No capítulo 15, Deus se apresenta em uma visão e, no seguinte, aparece na imagem de um anjo. Já no capítulo 18, Deus está presente por meio das figuras de três viajantes. Antes disso, no primeiro versículo do capítulo 17, o nome de Deus não é mais Yahweh, mas El Shaddai. Embora todas tratem de Abraão, cada uma delas pode ser lida independentemente. Cada história tem introdução, desenvolvimento e conclusão.

Além dos ciclos de Abraão, Isaac e Jacó, descobrimos outros conjuntos de histórias em que o personagem central é um grande herói do povo de Deus, uma tribo ou, por vezes, algum objeto sagrado. Na história de Josué, por exemplo, misturam-se pequenas histórias como a de Raab (Josué, 2: 1-24). O livro de Juízes também conta

---

2   É interessante que você percorra as histórias dos patriarcas. Comece no capítulo 12 de Gênesis e vá até o capítulo 36. Leia os subtítulos que sua Bíblia apresenta e procure descobrir quem são as personagens principais desses relatos.

a história de vários heróis, como Sansão e Gedeão. No capítulo 18 desse livro, narra-se como a tribo de Madiã conquistou território.

O primeiro livro de Samuel começa apresentando o nascimento e o chamado de Samuel; mas, no capítulo 4, a cena muda e as atenções vão todas para um objeto sagrado: a arca. Ela é capturada pelos filisteus e depois devolvida, vai para um santuário e depois para outro (I Samuel, 4: 4-6).

A Bíblia está repleta desses retalhos bem costurados, que revelam o rosto colorido do povo de Israel. E as heroínas? Como exemplo, leia Juízes 4 e 5 e observe quem são as personagens principais dessa saga e como a história de desenvolve.

Entre as principais sagas, Silva (2009, p. 190-192, grifo nosso) destaca:

1. **Saga de uma tribo ou de um povo**: *Narra a história de um ancestral, cujos laços essenciais e cujo destino se prolongam em seus descendentes. É muito comum nos relatos do período dos patriarcas (conforme acima). Dentre elas, podemos citar a bênção e a maldição dos filhos de Noé (Cf. Gn 9:20-27), bem como a adoção de Efraim e Manassés por Jacó (Cf. Gn 48);*

2. **Saga de um herói**: *O centro do relato é um herói – personagem positivo – ou um vilão – personagem negativo. O contexto vital que fez surgir e se desenvolver esse tipo de saga parece ter sido o período dos confrontos de Israel com outros povos, desde a saída do Egito, passando pela conquista da Terra Prometida, até a consolação do reino de Davi diante dos povos vizinhos: vitória sobre os amalequitas (Cf. Êx 17), vitória sobre os reis amorreus (Cf. Js 10), Davi e Golias (Cf. 1 Sm 17), Davi e Saul (Cf. 1 Sm 26);*

3. **Saga de um lugar**: *Esse tipo de relato quer explicar a origem de um lugar, de uma cidade, ou de uma particularidade impressionante – tal como a cidade e a torre de Babel.*

Novelas

Novelas na Bíblia? Pode parecer estranho utilizar esse termo em um estudo bíblico. Contudo, precisamos ter em mente que estão em análise gêneros literários. Isso significa que, quando nos valemos do gênero *novela*, não estamos nos referindo a algo irreal. Lembre-se de que podemos ter, por exemplo, filmes de ação e romances baseados em fatos reais. *Novela* aqui deve sempre ser entendida como gênero literário.

Antes de prosseguirmos, porém, lembre-se das sagas: uma das características desses ciclos é que eles são agrupamentos de muitas pequenas narrativas independentes. O que une as histórias em um só conjunto é a personagem principal.

A história de José, ao contrário, forma uma unidade. Não é possível tirar uma parte sem perder o sentido total. É uma única história, mais longa e mais bem elaborada que a saga, que chamamos de *novela*. A seguir, apresentamos uma relação das partes que a compõem, com os exemplos baseados na história de José, contada em Gênesis, 37-50:

- **Introdução** – Descreve aos leitores quem é a personagem principal e sua situação. Em nosso em caso, acontece em Gênesis, 37: 1-11.
- **Conflito** – Toda história precisa de um estopim para desencadear a trama. No caso exemplificado aqui, quando vai procurar seus irmãos, José cai na armadilha preparada por eles (Gênesis, 37: 12-36).
- **Desenvolvimento** – É a parte mais longa, em que a história ganha corpo, novas personagens e situações inesperadas.
- **Clímax** – É quando a história atinge seu momento mais dramático. Em nosso exemplo, o leitor fica em dúvida se José vai

mesmo perdoar seus irmãos, mas tudo caminha para o grande encontro, quando Jacó e seus filhos comparecem diante de José (Gênesis, 46: 28-30).
- **Conclusão** – É o fechamento da história, com a resolução do conflito inicial. Em nosso exemplo, o faraó recebe a família de José, o pai o abençoa e morrem Jacó e José em paz (Gênesis, 47-50).

Relatos proféticos

Os primeiros profetas eram também chamados de *homens de Deus*. Mais do que pregadores, eram operadores de milagres. As narrativas proféticas são geralmente breves e têm a finalidade de provocar temor, respeito e admiração. Nesses relatos, não entra em questão se as pessoas agraciadas com o milagre merecem ou não recebê-los, se têm ou não um comportamento exemplar. A viúva de um dos filhos dos profetas é a única da qual se diz que temia a Deus (II Reis, 4). Nos demais casos, o único mérito dos miraculados não é outro senão o fato de estarem próximos ao homem de Deus e apelarem a ele (Silva, 2007).

Nos relatos proféticos, a palavra do homem de Deus é eficaz e capaz de fazer acontecer o que significam. O esquema básico é formado por:

- situação de crise;
- súplica pela intervenção do profeta;
- dúvida sobre a possibilidade de uma solução;
- instrumentos para o milagre;
- palavras durante a realização do milagre;
- efeito produzido;
- reações dos presentes e consequências.

No ciclo de Eliseu, por exemplo, encontramos vários desses relatos; quase todos eles são breves: II Reis, 2: 19-22; 4: 1-7; 4: 38-41; 4: 42-44. Alguns, porém, são mais longos: II Reis, 4: 8-37; 5: 1-27; 6: 8-23 (Silva, 2007).

4.2.2 Tradição jurídica

Profundamente marcada pela dimensão ética da fé em Yahweh, é exuberante a presença de textos normativos, englobando desde máximas de vida até pactos e contratos. Lembre-se de que a tarefa dos sacerdotes era transmitir a *Torah* ao povo. O termo *Torah* não é muito claro no que se refere à significação original da palavra. Há quem afirme denotar a ideia de "mostrar o caminho", outros de "indicar com o dedo". No entanto, também encontramos afinidade entre esse termo e os acádios *wa'aru*, "ir", "enviar", e *aru*, "ir", "guiar", "conduzir", "instruir". A primeira possibilidade parece mais correta – "mostrar o caminho". O que observamos no povo de Israel é um forte elo entre lei e culto. Portanto, outras palavras "jurídicas", como *miswâ*, "mandamento", e *dabar*, "palavra", podem ser entendidas no campo religioso, o que também é válido, segundo Bentzen (1968), para *mishpat,* quando se tem em vista que um santuário oracular como *Cades* pode ser chamado de *en mishpat*, "fonte da lei" (Gênesis, 14: 7).

Portanto, não é fácil distinguir entre *debarim* religiosos e *mishpatim* profanos. Leis **profanas** são, em Israel, leis **religiosas**.

Direito apodítico – leis categóricas

A fim de regular a convivência dos nômades e das populações das pequenas aldeias, surgiram regras de conduta, sem conotação jurídica, cuja função era incentivar determinado comportamento – "faz x" – e desencorajar outros – "não faças y".

> *As formulações no positivo são denominadas "preceitos", enquanto as formulações no negativo são chamadas de "proibições". Ambos os tipos são enunciados diretos (usam a segunda pessoa) e expressos de modo categórico e incondicional (são universais e sua validade não depende das circunstâncias).* (Silva, 2007, p. 55)

As leis categóricas – apodíticas – normalmente aparecem agrupadas em séries. Todavia, as proibições são normalmente mais numerosas que os preceitos (veja Êxodo, 20: 1-17 e Levítico, 18, por exemplo).

Leis casuísticas

As leis casuísticas, a seu modo, têm características diferentes das categóricas:

> *são as leis formuladas de maneira impessoal (usam a terceira pessoa) e são particulares e condicionais (levam em conta as múltiplas situações da vida diária). A formulação básica é "se x, então y". A prótase – a frase condicional, normalmente iniciada com "se" – descreve as circunstâncias da situação; a apódose – a frase complementar, equivalente ao "então" – determina a consequência legal: absolvição, reparação ou castigo. A maioria das leis do Antigo Oriente pertence a este grupo e foram facilmente assimiladas por Israel.* (Silva, 2007, p. 55)

Para compreender melhor essa ideia, veja, por exemplo, Êxodo, 21: 2-11; 22: 1-17, e Deuteronômio, 22: 23-27.

Observe a semelhança entre um texto bíblico e outro do Antigo Oriente: "Se um cidadão acusou outro cidadão e incriminou-o de morte, mas não pôde provar, o acusador será morto" (Silva, 2009, p. 194). Em Deuteronômio, por sua vez, encontramos o seguinte trecho:

Quando uma falsa testemunha se levantar contra alguém, acusando-o de alguma rebelião, as duas partes em litígio se apresentarão diante de Iahweh, diante dos sacerdotes e dos juízes que estiverem em função naqueles dias. Os juízes investigarão cuidadosamente. Se a testemunha for uma testemunha falsa, e tiver caluniado seu irmão, então vós a tratareis conforme ela própria maquinava tratar o seu próximo. Deste modo extirparás o mal do teu meio. (Deuteronômio, 19: 16-19)

Vejamos, na sequência, um exemplo completo tirado de Silva (2009, p. 195):

- *Prótase (primeira oração condicional)* vv.18.22
    - *a descrição genérica da situação*
    - *normalmente* כִּי *introduzida por [caso, quando]*
- *Orações condicionais consecutivas* vv.19a.23aa
    - *as variantes e as circunstâncias*
    - *em geral introduzidas por* אִם *[se]*
- *Apódose* vv.19b.23ab
    - *determinação da impunidade ou da pena*
    - *introduzida por* ו *[então].*

4.2.3 Discursos e ensinamentos

Os profetas traduzem em palavras humanas o que experimentam e percebem da palavra do próprio Yahweh. "A experiência pessoal, quando verbalizada já sofre uma redução; por isso utilizam linguagem e imagens agitadas e por vezes agressivas e exageradas. Penetrar nos gêneros literários utilizados pelos profetas é o melhor caminho para resgatar a profundidade da experiência original." (Affonso, 2011).

Oráculo de salvação

Diante de uma situação de crise ou de desgraça, o profeta anuncia a intervenção salvadora de Yahweh, que abre uma nova perspectiva (Silva, 2007). Assim, temos como estrutura básica de um oráculo de salvação:

- vocativo;
- promessa de salvação (encorajamento);
- motivação, introduzida pela conjunção *porque*;
- consequências.

Há textos desse tipo, por exemplo, em Isaías, 41: 8-12; 44: 1-5.

Requisitória profética – *rîb*

Trata-se de um oráculo em estilo de processo jurídico diante de um tribunal. Esse tipo de oráculo segue uma forma estável:

- preliminares do processo;
- interrogatório;
- requisitória (benefícios concedidos por Yahweh e infidelidade do povo);
- condenação (ameaça ou veredicto).

Há diversos textos com a forma completa em Deuteronômio, 21: 1-25; Isaías, 1: 2-3; Miqueias, 6: 1-8, entre outros (Silva, 2007).

4.2.4 Tradição sapiencial

Aqui, apresentamos gêneros literários com uma finalidade eminentemente didática: ilustrar uma cosmovisão ou uma doutrina, exortar ou assumir um comportamento, satirizar uma conduta ou simplesmente auxiliar na memorização de um ensinamento (Silva, 2009).

Três obras literárias representam o principal acesso à tradição sapiencial de Israel: Provérbios, Jó e Eclesiastes. Sem dúvida, existiam outros meios de transmissão da tradição, menos aprimorados e sofisticados: provérbios populares, bem como histórias, parábolas e materiais usados para instrução em escolas de profetas ou em aulas particulares. Partes dispersas desse material acabaram entrando em vários livros da Bíblia – por exemplo, o provérbio popular em I Samuel, 24: 14, "Dos ímpios procede a impiedade"[3]. Ainda assim, o principal acesso continua sendo por meio dos livros sapienciais, cuja maior parte assume a forma de poesia.

Provérbio

A forma literária mais característica encontrada na literatura sapiencial bíblica é o *mashal*, ou seja, o provérbio. A palavra hebraica *mashal* inclui um espectro mais amplo do que a palavra em português, *provérbio*, que, em regra, se refere a uma afirmação única ou a uma frase que passou a ser frequente na cultura.

> *A palavra mashal significa literalmente "comparação" e se relaciona com a raiz verbal möl, "reger". Proporciona assim uma "regra" ou "paradigma" para a compreensão. Abrange algumas formas literárias que têm em comum a tentativa de obter o entendimento de uma situação por meio da comparação ou da analogia.* (Ceresko, 2004, p. 41)

O provérbio é, assim, um ensinamento formulado em duas ou três linhas (chamadas de *membros*), com diversas finalidades: formação, sátira, sarcasmo, crítica, ameaça, entre outros. Os membros do *mashal* seguem um tipo de paralelismo. No século XVIII,

---

3 Você pode consultar outros exemplos, também, em I Samuel, 10: 11-12; I Reis, 20: 11 e Ezequiel, 16: 44.

Robert Lowth identificou três tipos diferentes de paralelismo, aos quais denominou *sinonímico, antitético* e *sintético*.

Paralelismo sinonímico

Segundo a definição de Lowth (citado por Zogbo; Wendland, 1989), o paralelismo sinonímico é aquele em que o sentido das duas linhas poéticas paralelas é praticamente idêntico. Veja-se, por exemplo, Provérbios, 1: 8; 4: 24; 19: 6. É interessante notar que também pode ser encontrado em outros livros do Antigo Testamento (Zogbo; Wendland, 1989). Em Isaías, 1: 3, há um exemplo clássico: "mas Israel é incapaz de conhecer, o meu povo não pode entender".

Paralelismo antitético

Ocorre quando, entre as duas linhas poéticas, há um contraste ou oposição de ideias: a linha A contrasta com a linha B. Algo muito importante nesse tipo de paralelismo é que os opostos são apresentados em binômios. Por exemplo, na seguinte série de paralelismos, a antítese evidencia-se em uma sequência de binômios contrastantes: ira/favor, um momento/a vida inteira; pranto/alegria, tarde/manhã: "Sua **ira** dura **um momento**, seu **favor** a **vida inteira**; de **tarde** vem o **pranto**, de **manhã** gritos de **alegria**" (Salmos, 30: 6, grifo nosso).

Paralelismo sintético ou progressivo

Nesse tipo de paralelismo, a segunda linha poética complementa a ideia expressa na primeira e, de alguma maneira, a modifica. Quando se lê ou se escuta a primeira linha, não é possível prever o que dirá a segunda, mas, uma vez enunciadas as duas, é possível ver que ambas formam uma unidade semântica (A + B = uma ideia completa). Vejamos um exemplo de Salmos, 9: 10: **A** "Seja Iahweh fortaleza para o oprimido," **B** "fortaleza nos tempos de angústia".

Análise textual

4.2.5 Cânticos e poesias

O último tipo de gênero literário que apresentaremos aqui é aquele ligado aos cânticos e às poesias: o Saltério. Esse gênero é uma grande coleção de 150 poemas – trata-se, portanto, do maior gênero literário da Bíblia – que reúne várias coleções de cânticos, com diferentes formas e assuntos. É um verdadeiro cancioneiro da língua hebraica.

Entre as principais características do Saltério, destacamos:

- É um livro de canções. Os textos ali reunidos fazem parte da devoção popular, das assembleias litúrgicas no templo e nas sinagogas, nas casas e nas peregrinações.
- Reúne textos de diversas épocas, estilos, autores e assuntos.
- Os textos selecionados são poesias, geralmente em versos livres.
- Inclui vários gêneros menores, como as súplicas coletivas e individuais, os hinos descritivos e os cânticos de Sião, as ações de graças e os salmos didáticos.
- Cada salmo tem um papel no conjunto, ligado à sua forma concreta. Assim, o hino de louvor leva o povo a expressar sua admiração e seu amor por Deus e suas obras. Já a súplica é convite a expressar angústias e dúvidas. Por meio dela, a pessoa ou a comunidade que se encontrava imersa em angústia reconstrói-se interiormente e em sua relação com os outros.

Questões

1. Quais são as três facetas da análise linguística? O que faz cada uma delas?

2. Cite três figuras de pensamento. Em seguida, explique o funcionamento de cada uma dessas figuras citadas.

3. Procure reconhecer o gênero literário de cada um dos textos a seguir. Além disso, identifique também os elementos internos que definem o esquema de tal gênero, caso ele tenha um:
   a) Gênesis, 39-48;
   b) Deuteronômio, 27: 16-25;
   c) Deuteronômio, 13: 13-16;
   d) Eclesiástico, 13: 1;
   e) Provérbio, 10: 1-2.

capítulo cinco

Crítica das tradições

05

Até aqui, percorremos um bom caminho examinando diversos textos bíblicos e aplicando os passos exegéticos apresentados ao longo de cada capítulo. Agora, podemos nos aprofundar nos mais variados textos bíblicos e, nessa etapa, chegar à tradição de cada perícope bíblica em análise.

Esse passo exegético parte também da unidade textual sob estudo, mas não para estabelecer eventuais momentos de sua evolução literária ou pré-literária, e sim para perguntar sobre seu substrato cultural – no sentido mais amplo da palavra, compreendendo a religião e a teologia (Simian-Yofre, 2000). Alguns autores denominam essa etapa de *história das tradições*.

A crítica das tradições pode ser entendida como um passo à frente da crítica dos gêneros literários – isso do ponto de vista metodológico, já que, do ponto de vista histórico, é, ao mesmo tempo, um passo para trás (Simian-Yofre, 2000).

5.1 Conceitos

Simian-Yofre (2000) ensina que, assim como se fala regularmente por meio de gêneros literários predefinidos, do mesmo modo, e muito mais, pensa-se, fala-se e escreve-se a partir de um conjunto de elementos enumerados da seguinte forma:

- motivos e temas;
- convenções de linguagem;
- estruturas de pensamento;
- universo de imagens;
- conhecimentos adquiridos, que se cristalizam em concepções e convenções comuns.

A crítica das tradições busca descobrir as fontes consultadas pelo autor em estudo que, de alguma forma, contribuíram para fazer entender sua mensagem, isto é, as influências que o escritor bíblico recebeu. Entre essas influências, de acordo com Simian-Yofre (2000), podem estar:

- **Motivos literários**, como a criação do homem a partir do barro, a cura da mulher estéril (Gênesis, 21: 1-17; Juízes, 13: 2-24) ou o justo sofredor (Jó; Jeremias, 26: 28 e 36-45);
- **Imagens** como os querubins e as serpentes, guardiões e assistentes da divindade, ou como os exércitos celestes de Yahweh (Salmos, 18: 3; Salmos, 144: 2; Salmos, 35: 2-3);
- **Conhecimentos**, como a semana de sete dias ou os antigos códigos legislativos;
- **Concepções**, como a libertação da escravidão, a inviolabilidade de Sião, o dia de Yahweh (Amós, 5: 18-20; Jeremias, 30: 7; Joel, 1: 2; Sofonias, 2: 3) ou o templo que serve de morada da divindade (Jeremias, 7: 1-15; Isaías, 56: 7);

- **Crenças**, como a relação pobreza-justiça-riqueza ou a correspondência entre pecado e punição imediata;
- **Esquema tradicional**, como os dois caminhos (Deuteronômio, 30: 15-20; Salmos, 1) e o princípio da retribuição (Provérbios, 10: 24-25; 11: 18-21).

Além disso, podemos encontrar uma fórmula fixa e um vocabulário consolidado, formados por frases e termos que surgiram como resposta às necessidades de determinado grupo e, com o passar dos tempos, foram adotados com tal frequência que o significado original, por vezes, foi perdido ou deslocado. Não são utilizadas isoladamente, mas em contextos que, de certa forma, são análogos àqueles em que surgiram. Por exemplo, podemos ter uma fórmula que indica a presença de Deus, em suas variações:

i. Uma promessa de Deus a alguém (Gênesis, 26: 3; Êxodo, 3: 12);
ii. Uma promessa ou um desejo dos homens (Gênesis, 28: 20; Juízes, 1: 17; II Samuel, 14: 17);
iii. Uma constatação feita pelo homem (Salmos, 23: 4; 46: 8 e 12; Números, 23: 21; Jeremias, 20: 11).

Esses elementos mencionados fazem parte de tradições culturais que os escritores sagrados receberam da própria cultura bíblica que os antecedera, da cultura do Antigo Oriente Próximo ou, ainda, de uma cultura geral que não pode mais ser identificada.

De acordo com Simian-Yofre (2000, p. 105), "A rigor, precisamos saber diferenças entre uma tradição já constituída e os diversos elementos – motivos, imagens, conhecimentos, concepções, crenças – que se integram no decorrer dos tempos até que chega a constituí-la".

5.2 Identificando tradições

Com base nos ensinamentos de Simian-Yofre (2000, p. 105), é possível:

> identificar as diversas tradições subjacentes a um determinado texto quando constatamos pressupostos culturais comuns a diversos textos independentes entre si. Podemos constatar isso com maior segurança quando conseguimos identificar uma determinada linguagem fixa e/ou técnica. Dessa forma, o uso das Concordâncias Bíblicas no trabalho exegético é de fundamental importância para a constatação de formulações fixas em diversas obras, que nos conduzem a descoberta da tradição subjacente.

Recordemos, contudo, que determinada tradição pode ser reduzida a uma mera frase feita com o decorrer dos tempos, não exprimindo mais o significado original. Por outro lado, ainda que não encontremos contatos de formulação, é possível haver diversos elementos comuns fortemente ligados, que tiveram sua origem na tradição popular.

Alguns textos facilitam a descoberta, pois citam de forma explícita uma fonte. Como exemplos comuns, podemos nos lembrar do "livro das Guerras de Yahweh, ou os livros das Crônicas dos reis de Israel e de Judá; ou quando há referência ao conhecimento que têm os ouvintes do texto, de determinada situação, problemática ou concepção" (Simian-Yofre, 2000, p. 105).

Com vistas a facilitar o trabalho do exegeta, seguem os diversos procedimentos para a identificação das tradições:

As perguntas seguintes podem ajudar a identificar uma tradição subjacente.

- *Há formulações semelhantes em textos literariamente independentes entre si?*
- *Há estrutura comum na formulação? Por exemplo, as leis do AT com relação às leis assírio-babilônicas; a proclamação da coroação de Faraó com relação aos oráculos "messiânicos" do AT; [...].*
- *Há conteúdos comuns?*
- *Transmitem esses conteúdos uma mesma mensagem? Caso contrário, é possível que se trate não da assimilação de uma tradição, mas simplesmente de "roubo" de vocabulário.*
- *Pode-se falar para os textos comparados de uma mesma lógica do pensamento, como quando os textos paulinos usam um método rabínico de argumentação?*
- *Há variantes na formulação que em todo caso se deixam explicar, ainda que se retenha a tradição comum?* (Simian-Yofre, 2000, p. 106)

Prosseguindo, é possível também descobrir o contexto e o lugar de uma tradição:

Quando se identificou uma tradição, a pesquisa ainda pode continuar perguntando-se:

- *A tradição identificada faz parte de um conjunto de tradições? De que conjunto? Por exemplo: o tema da inviolabilidade de Sião, atestado nos Salmos e em Isaías, faz parte de um conjunto mais amplo, que incluiria a escolha de uma cidade por parte da divindade como lugar privilegiado de moradia?*
- *Tem aquele conjunto de tradições tendência ou finalidade particular, que a tradição identificada confirma, ou da qual se afasta?*

- *Pode-se determinar o lugar cultural de origem de tal tradição ou conjunto de tradições (por exemplo, o "mundo" do templo, do direito, da Sabedoria)?*
- *Pode-se conjeturar uma história da tradição, desde sua origem até o texto sob estudo, e sua eventual evolução ulterior? Para estabelecer essa hipótese será preciso imaginar quem terá levado avante determinada tradição (grupos humanos) e com que interesse.* (Simian-Yofre, 2000, p. 106)

Por fim, há o retorno ao texto:

Quando o processo de identificação da tradição chega a um impasse, de onde não se pode seguir adiante, deve-se retornar ao texto de partida, para inquirir sua relação com a tradição identificada.

- *Está o texto plenamente conforme com a tradição identificada? Pode ser considerado o autor do texto um novo representante da mesma tradição? Isaías parece assumir inteiramente a tradição de Jerusalém como lugar santo.*
- *O autor do texto dá sequência à tradição, na medida em que a desdobra e completa? Qohélet e Jó vão além das afirmações da Sabedoria?*
- *Modifica o autor do texto a tradição e a corrige? Esse tipo de atitude para com numerosas tradições reflete-se nos profetas. Oséias parece reler a história de Jacó (Os 12); Sofonias modifica a tradição do dia de Iahweh; Jeremias ataca a confiança no templo.* (Simian-Yofre, 2000, p. 106-107)

Como resultado de todas essas investigações, descobrimos que a crítica das tradições resulta em uma ferramenta extremamente útil para compreender o cenário cultural e histórico em que se desenvolveu o pensamento de um escritor bíblico e para descobrir as diversas relações entre os mais variados elementos presentes na história de um povo – os quais, sem essas investigações, permaneceriam isolados.

A falta desse tipo de crítica tem levado alguns intérpretes mais desavisados a concluir que determinado motivo ou imagem resulta de um produto próprio de uma personalidade de destaque. Dessa forma, conclui Simian-Yofre (2000, p. 107), a crítica da tradição "permite uma aproximação mais abrangente da história cultural e religiosa de um grupo humano".

5.3 Uso da passagem em outras partes da Bíblia

Uma forma mais simples – apesar de quase equivalente aos critérios de identificação das tradições – é analisar o uso da passagem em outras partes da Bíblia. Essa sugestão nos conduz a algumas indagações (Stuart; Fee, 2008):

- A passagem, ou parte dela, é citada ou referenciada em outro lugar na Bíblia? Como? Por quê?
- Se aparece mais de uma vez, como e por que isso ocorre? Quais são as diferenças?
- O que a referência da passagem em outro lugar indica a respeito da maneira como ela era interpretada?
- Se ela é referenciada ou citada, como isso interfere no entendimento do contexto em que se encontra?
- Se a passagem em estudo é citada, como as circunstâncias dessa menção auxiliam em sua interpretação?

O simples fato de que uma parte de uma passagem é citada em outro lugar na Bíblia pode dizer muito sobre seu pretendido impacto, sua singularidade e sua natureza teologicamente fundamental (Stuart; Fee, 2008).

Questões

1. De acordo com Simian-Yofre (2000), quais são os elementos formadores do conjunto por meio do qual se fala, pensa e escreve?

2. De acordo com Simian-Yofre (2000), quais são as influências sobre o escritor bíblico que a crítica das tradições busca descobrir?

3. A crítica da tradição auxilia na compreensão do panorama cultural dos textos bíblicos. Com base nesse método, analise os textos indicados a seguir:
   a) Gênesis, 39: 1-6a;
   b) II Samuel, 16: 5-14;
   c) I Reis, 22: 13-28;
   d) II Reis, 4: 1-7;
   e) II Reis, 13: 14-19 e 20-21.

capítulo seis

Atualização da mensagem

06

Não sem uma dedicação tão recompensadora, chegamos ao último capítulo. Tudo o que aplicamos em nossos textos bíblicos até este momento deve ter nos conduzido à ideia mais próxima possível neles contida. Agora, nosso objetivo é apresentar a teologia subjacente em uma perícope e, finalmente, atualizar a mensagem do texto bíblico para o leitor e o ouvinte dos dias atuais.

6.1 Conteúdo

Na análise de conteúdo, devemos proceder de forma tal que esse passo nos conduza a um caráter sintético e integrativo das diversas partes que formam o texto. Além disso, verificaremos de que maneira o interesse pelo conteúdo dos versículos reproduz a mensagem a ser estudada.

A próxima etapa do método histórico-crítico é compreender certos detalhes relacionados à situação e ao contexto da época. De forma geral, buscaremos agora identificar o contexto histórico; o ambiente social; o cenário; os aspectos geográficos; e, por fim, concluir a época da passagem. Para tanto, seguiremos os passos de Stuart e Fee (2008). Ressaltamos que é preciso primeiro compreender a razão das perguntas, antes de tentar respondê-las. Da mesma forma, é necessário ter sensibilidade para perceber que nem todas as indagações poderão ser respondidas, algumas deverão ser realizadas em conjunto e outras servirão de complemento para uma mesma ideia.

6.1.1 Contexto histórico

O primeiro passo a ser dado é responder às seguintes indagações:

- *Qual é o contexto da passagem?*
- *Que acontecimentos, exatamente, levaram o texto a este ponto?*
- *Será que tendências importantes ou desdobramentos em Israel, e no restante do mundo antigo, tiveram alguma influência na passagem ou em parte de seu conteúdo?*
- *Existem passagens paralelas ou semelhantes na Bíblia que parecem estar relacionadas às mesmas condições históricas e que contribuem para o entendimento da passagem estudada?*
- *Sob quais condições históricas a passagem parece ter sido escrita?*
- *Poderia a passagem ter sido escrita, também, sob condições históricas bem diferentes?*
- *Se não, por quê?*
- *A passagem é uma conclusão, ou representa algum estágio particular no progresso, de algum fato ou conceito?*

> *Neste passo o exegeta deve observar com bastante cuidado de que forma as informações recolhidas sobre a perícope têm efeito sobre a interpretação.* (Stuart; Fee, 2008, p. 36)

É essencial atentar para a forma como as diversas informações se inter-relacionam. O objetivo não é apenas obter informações, mas também que elas, juntas, lancem luz sobre o texto estudado. Para tanto, precisamos explicar de que maneira essas informações históricas ajudam a compreender ou a avaliar a perícope.

O exegeta deve igualmente ficar atento para explorar as diversas informações arqueológicas que possam existir em relação à passagem. Também deve ter em mente que, muitas vezes, não é possível determinar seu contexto histórico. Isso é muito comum nos livros de Salmos, Provérbios, enfim, em passagens poéticas em geral. Por vezes, estas foram escritas com o objetivo de ser significativas em todos os tempos e lugares. Quando estivermos diante de um texto desse tipo, é importante oferecer essa informação a nosso leitor ou ouvinte. Precisamos descrever as implicações da falta de um contexto histórico claro para a determinação da época de uma perícope.

6.1.2 Ambiente social

Para encontrar o ambiente social, da mesma forma que para o contexto histórico, você, ao realizar sua exegese, pode lançar mão de alguns questionamentos:

- *Em que área da vida de Israel está localizado o conteúdo ou os acontecimentos descritos na passagem?*
- *Que instituições sociais ou civis têm algum impacto sobre a passagem?*
- *Como isso esclarece o texto?*

- *A passagem é diretamente relevante só para o israelita antigo ou seja, culturalmente condicionada, ou tem alguma utilidade e significado para hoje?*
- *Se sim, em que medida?*
- *Em que época ou dimensão da cultura israelita – ou outra – teriam sido possíveis, ou prováveis, os acontecimentos da passagem – ou seus conceitos?*
- *Esses acontecimentos ou conceitos teriam sido exclusivamente israelitas, ou poderiam ter ocorrido em algum outro lugar?* (Stuart; Fee, 2008, p. 36)

De posse desses dados, é necessário novamente perguntar de que forma essas diversas informações contribuem para a compreensão da perícope em estudo.

6.1.3 Cenário

O cenário pode ser obtido mediante resposta a algumas questões importantes:

- *Em primeiro lugar, o que acontece a seguir? Procure pela conexão com as passagens subsequentes.*
- *Em que direção a passagem conduz?*
- *O que de significativo acontece com as pessoas, lugares, objetos e conceitos encontrados na perícope?*
- *A passagem oferece alguma informação essencial para a compreensão de algum acontecimento ou informação posterior?*
- *A perícope localiza-se na abertura de um novo desdobramento?*
- *De que forma a perícope se encaixa no panorama geral da história de Israel, notadamente no Antigo Testamento?*
- *Existe alguma implicação decorrente dessa localização histórica?* (Stuart; Fee, 2008, p. 37)

Observe que algumas perguntas para a determinação do cenário devem ser realizadas em diálogo com as questões do contexto histórico e do ambiente social. Da mesma forma, as próximas indagações que apresentaremos devem estabelecer continuidade com esse diálogo.

6.1.4 Aspectos geográficos

É de grande auxílio para o exegeta dispor de alguns mapas, de preferência um atlas bíblico. De posse desse instrumental, é preciso analisar as seguintes perguntas:

- *De onde procede a passagem? Pergunte pela origem.*
- *Partindo do particular para o geral tente determinar a qual povoado, tribo, região ou a que nação os acontecimentos ou conceitos da passagem se aplicam.*
- *É proveniente do norte ou do sul? Ou será que se concentra nas questões relativas aos dois reinos? É intra-Israel ou extra-Israel?*
- *A passagem tem alguma perspectiva nacional ou regional?*
- *Os aspectos referentes ao clima, topografia, distribuição étnica, cultural regional ou economia cumprem algum papel na perícope?*
- *Existe algum outro aspecto a respeito da natureza geográfica que ilumina a passagem de alguma maneira?* (Stuart; Fee, 2008, p. 37)

6.1.5 Época da passagem

A esta altura da pesquisa, o exegeta já deverá ter descoberto o gênero literário de sua perícope. Se a passagem é histórica, faz-se necessário, ainda, investigar a data dos fatos:

- Oráculo profético (mensagem revelada) – Procurar a data em que pode ter sido proferido pelo profeta.
- Poesia – Tentar determinar quando o texto pode ter sido redigido.

Aqui cabe, mais uma vez, o alerta de que nem sempre conseguimos chegar a uma data precisa. Como exegetas, precisamos ser cautelosos ao usar a literatura secundária (extrabíblica).

Se não for possível determinar uma data para determinada perícope, precisamos, ao menos, sugerir uma data antes da qual a passagem não poderia ter ocorrido ou sido redigida – conhecida como *terminus a quo* – e a data em que certamente já teria ocorrido ou sido redigida – chamada de *terminus ad quem*. Para isso, tanto o contexto quanto o conteúdo da perícope, incluindo o vocabulário, são os principais guias.

> *Por fim, queremos enfatizar que a datação de passagens proféticas com precisão é, em geral, muito difícil, por vezes impossível. Em grande parte dos casos, a única maneira de prosseguir é tentar relacionar a mensagem da passagem com circunstâncias históricas conhecidas, a partir de porções históricas do Antigo Testamento e de outras fontes do Antigo Oriente Próximo. Os bons comentários bíblicos procedem dessa forma. Por vezes, finalmente, é possível identificar as circunstâncias históricas que formam o pano de fundo de um oráculo ou de seu tema. Contudo, algumas vezes, isso não será possível e, portanto, o oráculo não poderá ser datado com mais precisão que os limites do livro como um todo.*
> (Stuart; Fee, 2008, p. 37)

6.2 Análise teológica

Para a análise teológica, precisaremos determinar o lugar da passagem no contexto de todo o *corpus* da revelação que compreende a teologia (sistemática) cristã (Stuart; Fee, 2008). Devemos considerar alguns elementos na hora de realizar essa análise, com perguntas como:

- Em que aliança ela se enquadra?
- Que aspectos da perícope são limitados em parte, ou no todo, à antiga aliança, tal como, certas práticas sacrificiais cúlticas ou regras a respeito das responsabilidades tribais?
- Se for assim, a perícope permanece relevante como exemplo histórico do relacionamento de Deus com seres humanos, ou como indicativo de padrões, santidade, justiça, imanência, transcendência, compaixão, divinos?
- A perícope se relaciona a preocupações teológicas muito mais amplas, que abrangem ambas as alianças e não estão restritas a nenhuma delas?
- Com que doutrina(s) a passagem se relaciona?
- Ela tem alguma relevância em potencial para as concepções clássicas sobre os diversos temas da teologia? Deus, a humanidade, anjos, pecado, salvação, a Igreja, escatologia, etc.?
- A perícope se relaciona a essas áreas de doutrina por causa de seu vocabulário ou tema, ou por causa de algo menos explícito? Uma perícope que mostra a natureza do amor de Deus para conosco pode não mencionar amor, Deus ou nós diretamente. (Stuart; Fee, 2008, p. 50)

6.2.1 Tópicos teológicos específicos

Quando levantamos os aspectos teológicos de uma perícope, podemos ir além das áreas gerais de doutrina tocadas pela passagem e identificar os assuntos específicos. Para tanto, basta perguntar:

- Quais são, de fato, os problemas, as bênçãos, as preocupações, as confidências etc. a respeito dos quais a perícope tem algo a dizer?
- De que forma a perícope aborda isso?
- Com que clareza eles são tratados pela perícope?

A perícope levanta dificuldades aparentes para algumas doutrinas, enquanto resolve outras? Se esse for o caso, o exegeta deverá lidar com essa situação de maneira sistemática, com vistas a a auxiliar seus leitores e ouvintes (Stuart; Fee, 2008).

6.2.2 Contribuição teológica da perícope

Como último passo para a análise teológica, trataremos da contribuição teológica da perícope. Basicamente, precisamos observar: como a perícope trata a pessoa de Deus? Como Deus interage com as personagens envolvidas no texto? Há algum tipo de aperfeiçoamento ou progresso no entendimento dos conceitos?

Ressaltamos que, neste momento, queremos evitar que a exegese tenda a se dissociar das demais disciplinas teológicas. Ao fazer a exegese, a análise teológica busca correlacionar textos que tenham determinadas opções ou posturas idênticas testemunhadas em outras partes da Bíblia, seja no Antigo Testamento, seja no Novo Testamento. Ao realizar a análise comparativa, o exegeta coloca a perícope no escopo maior da mensagem bíblica, inclusive da pregação e ação de Jesus[1].

É preciso adquirir mais subsídios para o diálogo da teologia da própria perícope em estudo (Wegner, 1998, p. 297). Para isso, os passos sugeridos por Stuart e Fee (2008, p. 49-50) são:

- *O que a passagem contém que contribui para a solução de questões doutrinárias ou apoia soluções oferecidas em outras partes das Escrituras?*
- *Qual é o grau de contribuição da passagem?*
- *Até que ponto o exegeta pode ter certeza de que a passagem, corretamente entendida, tem o significado teológico que propõe atribuir a ela?*
- *A abordagem concorda com a de outros estudiosos ou teólogos que ocuparam-se da mesma passagem?*
- *Como a passagem se conforma teologicamente com todo o sistema de verdade contido na teologia cristã? Uma teologia adequada e consistente deve ser totalmente coerente e não ambígua.*
- *Como essa passagem se encaixa no quadro teológico mais amplo?*
- *De que forma ela pode ser importante exatamente para esse quadro?*
- *A perícope serve para contrabalançar ou corrigir alguma posição teológica questionável ou extremada?*
- *Há alguma coisa sobre a passagem que não parece se relacionar facilmente a alguma expressão particular da teologia cristã?*

---

[1] Mesmo fazendo exegese do Antigo Testamento, o exegeta não pode esquecer que é cristão. Temos visto muitos estudos ou mesmo sermões com uma base sólida na exegese e na teologia bíblica. Contudo, por não passarem pelo prisma de Cristo, muitas vezes, aparentam ser discursos direcionados a uma congregação israelita em uma sinagoga. O exegeta precisa estabelecer uma ponte, um diálogo com o Novo Testamento ao final de suas pesquisas bíblicas.

- *Que soluções pode oferecer, mesmo que de maneira provisória, para qualquer problema?*
- *Se não existir uma solução facilmente aplicável, qual seria a razão?*
  - *Seria porque a passagem é obscura, ou porque o exegeta não tem suficiente conhecimento sobre o assunto?*
  - *Ou seria porque as suposições e especulações necessárias talvez fossem muitas para serem convincentes?*
- *A perícope trabalha com alguma área em que há muitas coisas desconhecidas que dificultam a decisão sobre a sua contribuição teológica? Se esse for o caso, o exegeta precisa avisar ao leitor / ouvinte sobre isso, contudo, esse aviso deve ser feito de maneira construtiva.*

As mesmas ferramentas a que Wegner (1998) faz menção para a exegese do Novo Testamento podem muito bem servir para a exegese do Antigo Testamento. Listamos a seguir as principais delas que podemos utilizar para uma correta avaliação teológica:

- comparação de conteúdo com outros textos, com o recurso das chaves ou concordâncias bíblicas;
- comparação com textos de gêneros semelhantes;
- monografias específicas sobre a temática do texto;
- teologias bíblicas;
- teologias do Antigo Testamento;
- dicionários bíblico-teológicos;
- manuais de teologia sistemática;
- comentários bíblicos exegéticos.

6.3 Atualização

A exegese, reiteramos, busca determinar o significado original de uma perícope. A maioria dos exegetas pensa, contudo, que sua responsabilidade não está concluída com essa avaliação geral do passado de um texto. A exegese é "a tentativa de descobrir o que o texto **significa**, não o que ele significa **hoje**" (Stuart; Fee, 2008, p. 51, grifo nosso). Estabelecer limites tão arbitrários à exegese, na concepção de Stuart e Fee (2008, p. 51-52), é insatisfatório por três razões:

- *Ignora o motivo principal pelo qual a maioria das pessoas se envolve com exegese ou está interessada nos resultados da mesma: Elas desejam ouvir e obedecer à palavra de Deus que se encontra no texto;*
- *Tem em vista apenas um aspecto do significado – o histórico – como se as palavras de Deus fossem dirigidas apenas para gerações específicas, e não para todos nós e, ainda, para aqueles que virão depois de nós;*
- *Deixa no âmbito da subjetividade a interpretação existencial pessoal ou coletiva, bem como o uso da passagem em geral. O exegeta que chegou a uma compreensão razoavelmente boa da passagem recusa-se a auxiliar o leitor ou ouvinte naquele ponto em que o seu interesse é mais agudo. O exegeta deixa a função-chave, ou seja, a reação à exegese.*

Falamos aqui daquilo que Martínez (1984) nos lembra: a questão da resposta à Palavra. Para ele, "A atualização da mensagem bíblica somente é efetiva quando produz uma resposta positiva, tanto no expositor como naqueles a quem se dirige sua interpretação" (Martínez, 1984, p. 559, tradução nossa).

De forma geral, seguindo os passos propostos por Stuart e Fee (2008), oferecemos as seguintes orientações para chegar a uma aplicação para a exegese realizada:

- *Aliste os assuntos que dizem respeito à vida. O que o "eu" ou "nós" encontramos hoje que é semelhante, ou pelo menos muito próximo, àquilo de que a passagem trata?*
- *Esclareça a natureza da aplicação. Ela informa ou orienta? Inclua todas as possibilidades, sabendo que descartará algumas ou a maioria delas depois de mais análise.*
- *Esclareça as possíveis áreas de aplicação – fé ou ação. Contudo, lembre-se que uma determinada passagem, parcial ou totalmente, poderá se concentrar mais em uma área do que na outra. Dessa forma, o exegeta deve procurar determinar as áreas de aplicação em potencial para o material contido na perícope.*
- *Identifique os ouvintes da aplicação. Cristãos ou não cristãos? Pais ou filhos? Poderosos ou pessoas comuns? Arrogantes ou humildes? Desesperados ou confiantes? O que na passagem esclarece esse ponto?*
- *Determine as categorias de aplicação. Pessoal ou interpessoal (para mim). Eclesial (para meu grupo cristão). Social (onde vivo e com quem me relaciono).* (Stuart; Fee, 2008, p. 52)

Finalmente, precisamos destacar que a Bíblia contém algumas informações que, de uma perspectiva humana, parecem difíceis de compreender ou, até mesmo, paradoxais. Ainda assim, como exegeta, você deve fazer tudo o que for possível para extrair da perícope seu valor teológico, mas nunca – lembre-se –, **nunca force o texto para introduzir nele ou extrair dele algo que lhe seja estranho** (Stuart; Fee, 2008).

6.4 Trabalho escrito

Depois de realizados todos os passos aqui abordados, você pode escrever uma redação final. É bastante proveitoso colocar uma tradução final imediatamente depois do texto.

> A fim de que a tradução final fique bastante compreensível, pode-se lançar mão de anotações – notas de rodapé – para explicar ao futuro leitor / ouvinte as diversas escolhas de palavras que podem de alguma forma, soar surpreendentes; talvez aquelas que não sejam tão óbvias também devam ser incluídas. É necessário, contudo, evitar a explicação concernente ao uso de palavras que já foram adotadas em outras traduções (pelo menos as mais conhecidas). O exegeta pode fazer uso das notas de rodapé para oferecer também outras traduções possíveis de uma determinada palavra ou frase que considera importante. (Stuart; Fee, 2008, p. 232)

Questões

1. Qual a função da análise do contexto histórico como etapa da exegese?

2. Quando, de acordo com Martínez (1984), é efetiva a atualização da mensagem bíblica?

3. Com base neste último capítulo, faça, de forma resumida, a análise do conteúdo e da teologia e atualize as seguintes passagens:
   a) Gênesis, 39: 1-6a;
   b) II Samuel, 16: 5-14;
   c) I Reis, 22: 13-28;
   d) II Reis, 4: 1-7;
   e) II Reis, 13: 14-19 e 20-21.

considerações finais

Podemos questionar se os autores bíblicos tinham consciência de todos os pormenores abordados nesta obra. É quase certo que, na maioria dos casos, não tivessem. Contudo, precisamos lembrar que, em cada cultura, em cada tempo, existem padrões e estruturas mentais com as quais as pessoas são educadas desde a tenra infância. Dessa forma, temos certeza de que você também conta com um conjunto de estruturas mentais de que não se dá conta enquanto fala ou escreve em seu dia a dia. Um texto escrito hoje talvez possa ser alvo do mesmo tipo de análise daqui a algumas dezenas ou centenas de anos. Pode ser que surjam, inclusive, ferramentas diferentes das que aqui utilizamos. Não sabemos.

Esperamos que o estudo desta obra tenha contribuído para o aperfeiçoamento da leitura das Sagradas Escrituras, tão relativizadas no mundo do qual fazemos parte.

O intuito deste material, então, é proporcionar o ferramental adequado para a compreensão não apenas do que o texto diz, mas também do que o autor pretendia dizer ao escolher esta ou aquela palavra ou estrutura frasal. Estamos em busca da intenção do autor. Em última análise, o autor, assim cremos, é o próprio Senhor. Todavia, não podemos negar a liberdade que o escritor bíblico – Paulo, Marcos, Moisés – teve para fazer uso da estrutura linguística do ambiente em que estava inserido.

Estude, revise e utilize este livro como um manual a ser consultado em todas as leituras bíblicas, até que tenha internalizado os diversos métodos aqui apresentados.

Nosso desejo é que, mais que um exercício acadêmico ou de erudição, a leitura exegética seja realizada em temor e tremor, a fim de que você cresça na graça e no conhecimento de nosso Senhor e Salvador Jesus Cristo.

referências

AFFONSO, E. B. Exegese. **Entendendo a Bíblia**. 16 abr. 2011. Disponível em: <http://professorelpidioaffonsoeba1.blogspot.com.br/2011_04_01_archive.html>. Acesso em: 6 dez. 2017.

BARNWELL, K. **Tradução bíblica** – Um curso introdutório aos princípios básicos de tradução. 3. ed. Barueri: Sociedade Bíblica do Brasil, 2011.

BENTZEN, A. **Introdução ao Antigo Testamento**. São Paulo: Aste, 1968. v. 1.

BÍBLIA. Espanhol. **Santa Biblia** – Reina-Valera. 2009. Disponível em: <http://media.ldscdn.org/pdf/lds-scriptures/holy-bible/holy-bible-spa.pdf>. Acesso em: 4 dez. 2017.

BÍBLIA. Grego. **Septuaginta** – LXX. 2006a. Disponível em: <https://www.sbl-site.org/assets/pdfs/bibletexts/Septuaginta/SEPTUAGINTA_SBL.pdf>. Acesso em: 4 dez. 2017.

BÍBLIA. Hebraico. **Bíblia Hebraica Stuttgartensia**. Sttugart: Deutsche Bibelgesellschaft, 1997.

BÍBLIA. Inglês. **The Holy Bible**. 2000a. Disponível em: <http://www.bibleprotector.com/KJB-PCE-MINION.pdf>. Acesso em: 4 dez. 2017.

BÍBLIA. Latim. **Biblia Sacra juxta Vulgatam Clementinam**. 9th Jan. 2006b. Disponível em: <http://www.wilbourhall.org/pdfs/vulgate.pdf>. Acesso em: 4 dez. 2017.

BÍBLIA. Português. **Almeida revista e atualizada (ARA)**. Sociedade Bíblica do Brasil, 1993. Disponível em: <https://www.bible.com/pt/bible/1608/JHN.1.ara>. Acesso em: 4 dez. 2017.

BÍBLIA. Português. **Bíblia de Jerusalém**. 4. ed. rev. e atual. São Paulo: Paulus, 2002.

BÍBLIA. Português. **Nova tradução da linguagem de hoje (NTLH)**. Sociedade Bíblica do Brasil, 2000b. Disponível em: <https://www.bible.com/pt/bible/211/JHN.1.ntlh>. Acesso em: 4 dez. 2017.

BÍBLIA. Português. **Tradução brasileira (TB)**. Sociedade Bíblica do Brasil, 2010. Disponível em: <https://www.bible.com/pt/bible/277/JHN.1.tb10>. Acesso em: 4 dez. 2017.

CERESKO, A. R. **A sabedoria no Antigo Testamento**: espiritualidade libertadora. São Paulo: Paulus, 2004. (Coleção Bíblia e Sociologia).

FRANCISCO, E. F. **Manual da Bíblia hebraica**. São Paulo: Vida Nova, 2003.

GUSSO, A. R. **Gramática instrumental do hebraico**. São Paulo: Vida Nova, 2005.

KUNZ, C. A. Método histórico-gramatical: um estudo descritivo. **Via teológica**, Curitiba, v. 2, n. 16, p. 23-53, 2008.

MARTÍNEZ, J. M. **Hermenéutica biblica**: cómo interpretar las Sagradas Escrituras. Barcelona: Clie, 1984.

MOSCONI, L. **Para uma leitura fiel da Bíblia**. São Paulo: Loyola, 2002.

SILVA, C. M. D. da. **Leia a Bíblia como literatura**. São Paulo: Loyola, 2007. (Coleção Ferramentas Bíblicas).

SILVA, C. M. D. da. **Metodologia da exegese bíblica**. 3. ed. São Paulo: Paulinas, 2009.

SIMIAN-YOFRE, H. (Org.) **Metodologia do Antigo Testamento**. Tradução de João Rezende Costa. São Paulo: Loyola, 2000.

STUART, D.; FEE, G. D. **Manual de exegese bíblica**: Antigo e Novo Testamentos. Tradução de Estevan Kirschner e Daniel de Oliveira. São Paulo: Vida Nova, 2008.

WEGNER, U. **Exegese do Novo Testamento**: manual de metodologia. São Leopoldo: Sinodal; Paulus, 1998.

ZOGBO, L.; WENDLAND, E. **La poesía del Antiguo Testamento**: pautas para su traducción. Miami: Sociedades Bíblicas Unidas, 1989.

ZUCK, R. B. **A interpretação bíblica**: meios de descobrir a verdade da Bíblia. São Paulo: Vida Nova, 1994.

respostas

Capítulo 1

1. Entre nós e o texto sagrado, encontramos os seguintes abismos: cronológico; geográfico; cultural; linguístico; literário; e espiritual.
   Existem diversas formas de leitura da Bíblia:
   - Leitura popular – O povo conta com saber teológico e, independentemente dos exegetas, interpreta os textos bíblicos com base em sua experiência de fé de sua vida diária.
   - Leitura fundamentalista – Tende a absolutizar o sentido literal da Bíblia. Seu objetivo último é defender a Bíblia como o único referencial confiável e íntegro para a formulação da doutrina e da ética cristãs.
   - Método estruturalista – Adotada para realizar a análise sincrônica da Bíblia.

- Método histórico-crítico – É o mais utilizado e serve para análises diacrônicas da Bíblia. Sua designação deriva da realidade de que é histórico porque lida com fontes históricas, que, no caso da Bíblia, datam de milênios anteriores à nossa era, além de interessar substancialmente pelas condições históricas que geraram essas fontes em seus diversos estágios.

2. *Exegese* é uma palavra que tem origem na língua grega. Significa "conduzir fora", "puxar de dentro para fora". É o processo de descobrir e conduzir para fora a mensagem do texto. É deixar o texto falar por si e buscar aquilo que ele quer dizer. Fazer a exegese é realizar um estudo analítico completo de determinada passagem bíblica, a fim de chegar à sua "interpretação útil". A exegese, ainda que científica, também é uma tarefa teológica.

3. Os estudiosos da Bíblia desenvolveram diversos critérios para refazer o caminho que o texto percorreu até chegar a nossas mãos. O resultado desse trabalho de reconstrução é encontrado nas chamadas "edições críticas". São edições do Antigo Testamento (em hebraico, grego, aramaico e latim) que trazem, no rodapé, o "aparato crítico", ou seja, o elenco das principais leituras e variantes e os tipos textuais. Nas margens laterais, encontramos outras observações e anotações a respeito do texto.

Capítulo 2

1. Tempo e espaço; actantes ou personagens; título; vocativo ou novos destinatários; introdução ao discurso; mudança de estilo.
2. Término: espaço; tempo; ação ou função do tipo partida; ação ou função do tipo terminal. Ao longo do texto: ação; campo semântico; inclusão; quiasmo.

3.
- a) Mudança de espaço (Egito); personagens (José, Potifar, Faraó, ismaelitas). A perícope termina onde ocorre novamente uma mudança de tempo: "e, aconteceu, depois destas coisas".
- b) Mudança de espaço (Baurin); novo personagem (homem da linhagem de Saul). O texto termina no 14, pois, no 15, há um novo personagem (Absalão, Aitofel) e uma mudança de espaço (Jerusalém).
- c) Novos personagens (mulher de profeta, Eliseu, marido, credor, dois filhos). No verso 8, Eliseu vai a Suném (mudança de espaço), quando ocorre o encerramento.
- d) Mudança de destinatários. Titulo: Peso do deserto do mar. Encerra em 10. Em 11, há um novo título: Peso de Dumá.
- e) Mudança de destinatário e surgimento de novos personagens (Ciro).

Capítulo 3

1. As passagens devem ser: "1. Especialmente relevantes, interessantes e úteis para o povo ao qual se destina a tradução; 2. De tamanho médio [...]; 3. Fáceis de ler [...]" (Barnwell, 2011, p. 7).
2. As traduções já realizadas foram feitas sem considerar um público específico e com tempo apertado, em razão da necessidade de publicação. Como são feitas para ser vendidas, as traduções realizadas acabam seguindo tradições e não questionando as anteriores. Ao realizar sua própria tradução, você pode direcioná-la ao seu público e dedicar-se a ela por mais tempo.
3.
    - a) Tradução livre.
    - b) Tradução livre.

Capítulo 4

1. Análise lexicográfica, que estuda o vocabulário; análise sintática, responsável pelo estudo da estrutura gramatical; e análise estilística, que lida com as figuras de linguagem.
2. Citar e explicar três dessas figuras:
   - **Antecipação ou prolepse** – Existem dois tipos de antecipação: o primeiro está ligado ao tempo da narrativa, e o segundo ocorre quando um orador responde previamente à eventual objeção de um interlocutor, seja ele real, seja imaginário.
   - **Antítese** – É a confrontação de duas ou mais ideias ou situações.
   - **Macarismo ou bem-aventurança** – *Macarismo* é um vocábulo grego que significa "felicitação", "bem-aventurança". Trata-se de uma bendição ou louvação a alguém.
   - **Lamentação ou queixume (ou mesmo maldição)** – É o contrário do macarismo e caracteriza-se pelo uso de expressões como "ai de quem" ou "pobre de quem ".
   - **Antropomorfismo** – Trata-se da atribuição de formas e ações humanas a Deus.
   - **Antropopatismo** – É a atribuição de sentimentos humanos a Deus.
   - **Prosopopeia** – Refere-se à personificação, ou seja, à atribuição de sentimentos e ações humanas a animais e a seres inanimados.
   - **Gradação** – Caracteriza-se pela disposição de palavras, ideias ou fatos em ordem crescente ou decrescente.
   - **Eufemismo** – É o "uso de uma expressão mais branda em lugar de outra mais pesada ou tabu" (Silva, 2007, p. 35).
   - **Hipérbole** – Trata-se de uma ênfase expressiva, provocada pelo exagero.

Inclusão – É a repetição "da mesma palavra ou expressão no início e no fim do texto" (Silva, 2007, p. 35).

Questão retórica – É uma pergunta cujo objetivo não é obter uma resposta, mas fazer o interlocutor pensar e concordar com o orador.

Onomatopeia – Ocorre quando uma frase ou um nome imita o som da coisa descrita.

Paralelismo – Caracteriza-se pela justaposição de frases ou palavras com equivalência sintática ou semântica.

Quiasmo – "Estrutura fraseológica cruzada, do tipo a-b-b'-a'" (Silva, 2007, p. 36).

3.
   a) Novela.
   b) Direito apodítico.
   c) Leis casuísticas.
   d) Paralelismo sinonímico.
   e) Paralelismo antitético.

Capítulo 5

1. Motivos e temas; convenções de linguagem; estruturas de pensamento; universo de imagens; e conhecimentos adquiridos, que se cristalizam em concepções e convenções comuns.
2. Motivos literários, imagens, conhecimentos, concepções, crenças e esquema tradicional, além de formas fixas e vocabulários consolidados.
3. Para responder a essa questão, observe os pontos abordados no capítulo e aplique-os aos textos indicados.

Capítulo 6

1. Tem a função de propiciar uma melhor compreensão dos panoramas histórico, social e geográfico, além de auxiliar a concluir sobre a época da passagem.

2. "A atualização da mensagem bíblica somente é efetiva quando produz uma resposta positiva, tanto no expositor como naqueles a quem se dirige sua interpretação." (Martínez, 1984, p. 559, tradução nossa)
3. Tentamos demonstrar como a perícope trata Deus, Jesus Cristo, Espírito Santo, homem, pecado, salvação, igreja, ética cristã e futuro. É o momento de o exegeta verificar as relações de convergência e divergência com a teologia que prega. Nesse caso, devem ocorrer modificações ou adaptações na maneira de pensar, viver, ensinar e pregar.

sobre o autor

Sandro Pereira é bacharel em Teologia pela Faculdade Teológica Batista do Paraná (FTBP), com ênfase em exegese do grego e hebraico bíblico; bacharel em Ciências Contábeis pelo Centro Universitário Dom Bosco (UniDomBosco), pós-graduado em Educação a Distância e em Pedagogia Social pela Faculdade de Administração, Ciências, Educação e Letras (Facel); tem MBA em Gestão Estratégica pela UniDomBosco e é mestre em Ciências da Religião pela Universidade Metodista de São Paulo (Umesp). É aluno do programa de doutorado em Teologia da Pontifícia Universidade Católica do Paraná (PUC-PR).

Impressão: